사랑하는 아들 인우와
1318 친구, 형, 누나들에게

청소년을 위한
연암 답사 프로젝트

일러두기

1. 본문에 인용된 『열하일기』는 〈한국고전종합DB(http://db.itkc.or.kr/index.jsp?bizName=MK)〉를 참고했습니다.
2. 본문의 중국어 발음 한글 표기는 '국립국어원 외래어 표기법 중국어의 주음부호'를 기준으로 했습니다.
3. '답사를 위한 마침표' 중 답사지 지명은 독음/한자[중국어 간체, 중국어 발음] 순으로 배열되어 있습니다. 예를 들면 '천안문天安門[天安门, 톈안먼]'과 같습니다.

물음표와 느낌표로
떠나는 열하일기

청소년을 위한
연암 답사 프로젝트

김태빈 지음

레드우드

고전으로서 『열하일기』의 가치와 명성 때문에 이제 책을 정독하는 차원에 만족하지 않고 연암이 갔던 연행의 길을 따라서 직접 답사하는 독자들이 늘어나고 있다. 연행 답사는 『열하일기』의 현장을 확인하고 고전의 실제를 체험하는 공부의 연장이다. 그리하여 『열하일기』를 패러디하거나 답사 경험을 바탕으로 저술된 책들이 다수 출판되었다. 이 책들은 모두 성인 독자들을 위해 만든 것으로, 미래의 꿈나무인 청소년을 특별히 고려하지 않았다. 청소년들이 우리 고전을 읽고, 그 현장을 직접 체험할 필요가 있다. 그 감동이야말로 장차 세계사의 주역으로 가는 원동력이 될 것이기 때문이다.

김태빈 선생의 『청소년을 위한 연암 답사 프로젝트』는 청소년 고전 읽기의 일환으로 만든 책으로, 글의 문체를 특히 청소년들에게 친절하게 말하는 형식으로 꾸몄다. 『열하일기』의 내용을 종횡으로 누빌 뿐만 아니라, 현대의 여러 정보를 아울러 제공함으로써 청소년들에게 사물을 보는 균형 잡힌 시각을 갖추도록 글이 구성되었다. 저자는 수십 회 답사를 통해 얻은 관련 그림과 도판, 그리고 참고할 홈페이지 등 각종 정보를 제공하였으며, 특히 볼거리, 읽을거리를 핵심적으로 제시하였다. 이른바 관전 포인트를 쏙쏙 뽑아 제공하고 있다는 점에서 현장 답사의 충실한 길잡이에 값할 책이다.

18세기가 저물어 갈 무렵, 연암 박지원은 중국 연행을 통하여 당시 세계를 호흡하고 전망하였다. 21세기를 여는 오늘, 우리 청소년들이 박지원의 고뇌를 창조적으로 계승하여 이제 대륙을 넘어 세계로 향하는 발걸음을 옮길 때이다. 그 출발은 고전을 만나고 체험하는 기쁨에서 시작될 터이다.

- 김혈조(영남대학교 한문교육과 교수, 『열하일기』 역자)

작·가·의·말

제가 『열하일기』를 처음 만난 건, 다른 이들과 마찬가지로 학생 때 교과서에 수록된 「허생전」이나 「통곡할 만한 자리」를 배우면서입니다. 그러나 당시에는 연암 박지원의 이 작품이 『열하일기』에 수록된 글이라는 사실을 몰랐습니다. 그러니 『열하일기』를 읽어야겠다는 생각은 아예 하지 못했습니다.

국어 교사가 돼 이 작품을 아이들에게 가르치면서 다시 『열하일기』를 만났습니다. 그때는 교과서에 실린 글의 출처가 『열하일기』라는 걸 알게 되었습니다. 문득 부끄러웠습니다. 그래서 그때 처음으로 『열하일기』를 읽었습니다. 한 번 읽고 나니 혼자만 알고 있는 게 안타까워 아이들과 함께 읽기도 했습니다.

그러다 호기롭게 연암을 소개하는 글을 쓰게 되었습니다. 능력과 의지의 한계를 절감할 때 기적처럼 행운이 찾아왔습니다. 연암처럼 북경에 갈 기회가 생긴 것입니다. 북경한국국제학교에서 3년 동안 아이들을 가르치는 틈틈이 『열하일기』를 들고 연암이 구경했던 북경 곳곳을 둘러보았습니다.

열하에 갈 기회는 생각보다 일찍 찾아왔습니다. 연암과 달리 한

겨울에 답사를 했지만 그곳은 연암이 조선 사람 최초로 밟았던 『열하일기』의 현장이었습니다. 이후 열 번 가까이 이곳을 아이들과 교민에게 소개했으니, 『열하일기』를 늦게 만난 송구함과 부끄러움을 조금은 덜 수 있었습니다.

『열하일기』는 압록강을 건너는 장면부터 시작합니다. 그래서 어떻게 하면 그곳에 갈 수 있을까 궁리했습니다. 이번에도 역시 기회는 아이들을 통해 왔습니다. 2014년 북경한국국제학교에서 담임한 아이들과 함께 연암의 연행 노정 전체를 답사했습니다. 북경에서 산해관과 심양을 거쳐 압록강까지, 장장 1,000여 킬로미터를 누빈 것입니다.

이렇게 『열하일기』를 만난 이후 제가 누린 행운과 감동을 여러분과 나누고 싶어 이 책을 쓰게 되었습니다. 연암의 문장이 왜 위대한지, 그의 도저한 사유의 깊이가 어느 정도인지 이야기할 능력이 제겐 없습니다. 다만 200여 년 전 연암이 갔던 길을 뒤따르면서 얻은 소박한 깨달음과 소소한 즐거움을 여러분에게 전합니다.

이 책은 『열하일기』의 여정을 대체로 따르면서, 압록강에서 북경까지의 일정을 '연암의 연행', 북경과 열하에서의 견문을 각각 '연암의 북경', '연암의 열하'로 나눕니다. 다만 『열하일기』라는 제목 때문인지 열하를 강조한 기왕의 책과는 달리 북경에 더 주목했습니다. 왜냐하면 연암은 열하에서 엿새밖에 머무르지 않았지만 북경에서는 그 다섯 배 이상 체류했기 때문입니다.

연암을 따르는 길에서 두 가지 즐거움을 여러분에게 선물합니다. 첫 번째는 연암의 '실수'입니다. 『열하일기』는 당대를 매우 정확하게 기록한 책이지만 사소한 오류가 몇 가지 있습니다. 천하의 연암을 '놀려 먹을' 좋은 기회입니다. 두 번째는 연암의 '탄식'입니다. 구경벽求景癖이 남달랐던 연암이 일정과 당시 여건 때문에 가지 못한 곳을 우리는 구경할 수 있습니다.

제가 『열하일기』 답사기를 쓴 이유는 무엇보다 연암과 『열하일기』의 근사함을 여러분에게 소개하고 싶어서입니다. 그리고 여러분이 『열하일기』를 만나는 데 작은 기여라도 하고픈 마음 때문입니다. 만약 『열하일기』와 이 책을 들고 연암이 갔던 길을 따라가는 이들이 있다면 제가 타국을 답사하며 겪은 숱한 고초는 소중한 추억으로 남을 것입니다.

마지막으로 연암 답사에 동행했던 북경한국국제학교 제자들과 동료 선생님, 그리고 북경 교민들께 고마움을 표합니다. 턱없이 부족한 글에 분에 넘치는 추천사를 써주신 김혈조 교수님과 소영무 선생님께도 감사의 말씀을 올립니다. 그리고 제가 이 책을 쓸 수 있었던 가장 큰 힘이자 이유인 아내 진숙과 아들 인우에게 사랑하는 마음을 전합니다.

2016년 여름 낙산 자락에서

김태빈

차례

여행을 시작하며

한 노인이 자리에 단정히 누웠고 그 옆으로 벗 두 사람이 조촐한 주안상을 사이에 두고 마주 앉았어. 느긋하게 건네는 술잔에는 노인과 두 벗이 평생 함께 빚은 맑은 생生이 조르륵 채워지고. 운명하기 직전 중풍으로 말도 제대로 할 수 없었던 노인이지만 벗들의 고요한 담소를 동무 삼아 생의 마지막을 '제2의 나'와 함께할 수는 있었어.

> 옛날에 벗을 말하는 사람들은 붕우朋友를 '제2의 나'라 일컫기도 했고, '주선인'이라 일컫기도 했다. 이 때문에 한자를 만든 이가 날개 '우羽' 자를 빌려 '붕朋' 자를 만들었고, 손 '수手' 자를 겹쳐서 벗 '우友' 자를 만들었으니, 붕우란 마치 새에게 두 날개가 있고 사람에게 두 손이 있는 것과 같음을 말한 것이다.

병들어 자리에 눕자 노인은 스스로 약을 끓었어. 울화병으로 가슴도 답답하고 몸 또한 자유로이 운신하지 못했지만 평생 품은 포부와 맺은 인연은 생생해. 자신의 글을 누구보다 밝게 읽어 준 처남과 사제로 연을 맺었지만 이제는 벗이나 다름없는 제자가 곁을 지켰기 때문이지. 1805년 10월 20일 오전 8시경, 경복궁과 창덕궁 사이 재동 집 사랑에서 그 노인, 연암 박지원은 예순아홉의 나이로 운명하신단다. 마지막 남긴 말은 깨끗하게 목욕시켜 달라는 부탁뿐이었어.

연암 초상에 한 여인이 찾아와, 상복을 입지는 않았지만 상주와 같은 마음으로 말과 행동을 삼가는 심상心喪을 자처해. 그녀는 연암의 제자 이득기의 부인으로, 요절한 남편이 살아생전에 지녔던 스승에 대한 존숭의 뜻을 지키기 위해 장례에 참석한 거야. 어릴 때부터 연암에게 배웠던 이득기는 연암을 무척 따랐고 함께 온갖 고초를 겪었다고 해. 그런 제자가 스무 살 남짓에 결핵으로 죽자 연암은 그가 필사한 책 한 권을 늘 서안에 놓아두고 어루만지곤 했다 하니 제자-벗에 대한 연암의 추모가 향기롭기 그지없지.

이렇게 이야기하고 보니 살아서도 우정, 죽어서도 우정의 주인공 연암의 모습이 무척 궁금하지. 우리는 근사한 연암의 초상을 하나 알고 있어. 연암의 손자 박주수가 그린 작품인데, 그는 개화파의 스승으로 널리 알려진 박규수의 동생이야. 연암의 아들 박종채가 쓴 아버지의 전기 『과정록』에는 글로 그린 초상화라고 할 만한 내용도 있어. 이 둘을 동시에 살피면 연암의 모습을 대체로 복원할 수 있겠지.

아버지는 안색이 불그레하고 윤기가 나셨다. 또 눈은 쌍꺼풀이 졌으며, 귀는 크고 희셨다. 광대뼈는 귀밑까지 뻗쳤으며 긴 얼굴에 듬성듬성 구레나룻이 나셨다. 이마에는 달을 바라볼 때와 같은 주름이 있으셨다. 키가 크고 살졌으며 어깨가 곧추 솟고 등이 곧아 풍채가 좋으셨다.

옛 선인들 중 현재 우리가 기억하는 분들의 공통점은 무엇일까? 왕을 제외한다면 저술을 남겼다는 것이 그중 하나일 거야. 조선 당대 최고의 문장가로 이름이 높았던 연암이 썼고, 우리 오천 년 역사 이래 으뜸 문장이라 일컬어지는 글이 포함되어 있으며, 그래서 지금은 민족의 고전으로 평가되는 책 『열하일기』! 이 책을 빼놓고 연암을 이야기할 순 없겠지.

그런데 천하의 연암도 '실수'를 하기 마련이고 그래서 최고의 여행기 『열하일기』에도 오류가 있어. 연암의 북경, 열하 여정을 좇는 우리에게 그 실수를 찾는 것도 소소한 즐거움일 거야. 물론 『열하일기』의 사소한 잘못을 탓하려는 게 아니야. 여행지에 대한 온갖 정보가 넘쳐나고 심지어 인터넷을 이용해 실시간으로 정보를 찾을 수 있는 현대인들의 '블로그 여행기'에는 기초적인 사실조차 확인하지 않고 남의 잘못된 정보를 그대로 무한 복사한 경우가 허다하잖아.

그러면서 동시에 확인하게 되는 사실이 있지. 몇 가지 잘못된

© 실학박물관

✚ 그림을 그린 손자 박주수는 할아버지 박지원을 직접 뵙지는 못했다.

© 실학박물관

점을 제외하곤 그 방대한 『열하일기』 대부분의 기록이 지금 기준에서도 정확한 정보라는 사실이야. 200여 년이 훌쩍 지났지만 우리가 당장 답사 자료집으로 활용해도 전혀 문제될 게 없을 만큼 말이야. 심지어 연암이 청나라에 갔던 시기를 연구하는 현대 중국학자들에게 『열하일기』는 필독서라고 해. 『열하일기』만큼 당대에 관해 풍부하면서도 정확한 정보를 담은 책이 중국에도 드물기 때문이지.

당연한 말이지만 연암은 『열하일기』를 북경과 열하를 여행하는 동안에 쓰지는 않았어. 구경하면서 열심히 메모했고 조선으로 돌아온 후 이를 참고해 집필을 시작했지. 그런데 북경이 좀 크고 복잡해. 그래서 지리에 밝고 그림을 잘 그리던 친구 석치 정철조에게 북경 지도를 그려 달라는 부탁까지 하면서 최선을 다하셨어.

> 내가 중국에서 돌아와 여행하던 곳을 생각할 때면 기억이 흐릿하여 마치 눈앞에 안개가 낀 것 같았다. (……) 나는 정석치에게 북경의 자금성을 그려 달라고 했다. 석치가 그려 준 지도를 펼쳐 보니 북경의 성곽, 해자, 궁궐, 거리, 상점, 관아가 손금을 보듯 또렷했으며, 종이에서 사람들의 신발 소리가 들리는 듯했다.

연암이 북경과 열하를 구경할 수 있었던 건 그야말로 행운 중의 행운이었어. 왜냐하면 청장년기의 연암은 '충전하던 의욕이 매몰찬 방관'으로 돌아설 만큼 거듭된 절망을 겪었기 때문이야. 연암은 젊

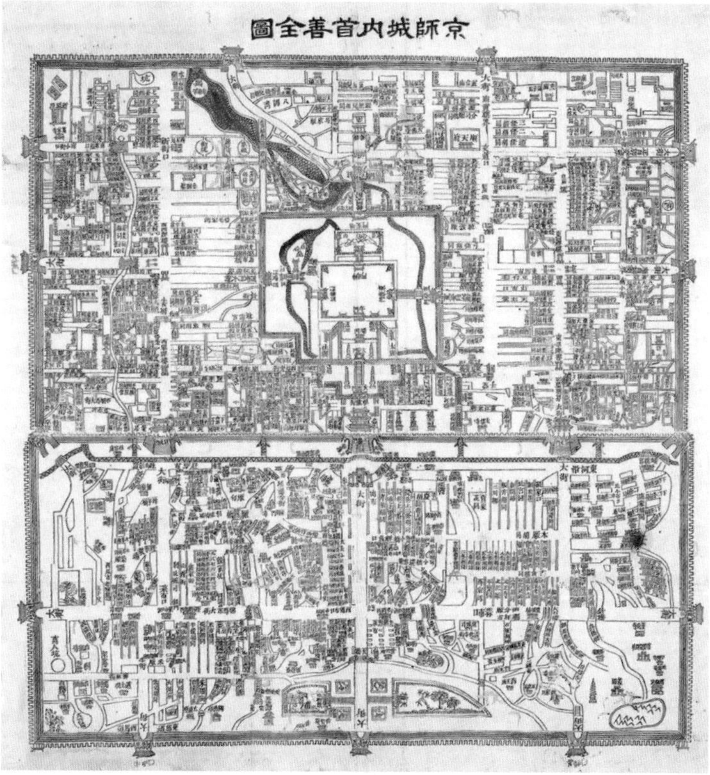

✚ 석치 정철조는 이런 지도를 연암에게 그려 주었을까?

은 시절 과거를 포기해. 이는 아마도 스승과 친구의 덧없는 죽음, 그 뒤에 도사린 권력의 비열함에 대한 삶 전체를 건 항변이었을 거야.

사실 권력을 가진 자들은 어떻게든 연암을 자신들 편으로 끌어들이려 했어. 연암이 과거만 보면 무조건 합격을 시키려던 그들에게 연암은 텅 비거나 산수화를 끼적인 답안지를 냈어. 그것도 아니면 아예 답안지를 내지 않는 것으로 조롱했지.

그러던 중 연암은 자신이 호를 취하기도 한 개성 근처의 골짜기 연암협燕巖峽으로 피신하기에 이르러. 당시 권력을 쥐고 국정을 좌지우지하던 홍국영 일파를 거침없이 비판했기 때문이야. 이를 위태롭게 여긴 친구들이 연암을 떠밀다시피 산골로 보냈고 연암은 홍국영이 실각한 1780년에야 다시 한양으로 돌아올 수 있었어.

고진감래라 했던가, 연암은 바로 그해 꿈에 그리던 연행燕行, 즉 사신으로 청나라 수도 북경에 가는 여정에 오르지. 당시 연암의 팔촌형인 박명원은 청나라 건륭제의 칠순을 축하하기 위한 특별사행의 대표인 정사로 임명되었어. 그래서 연암에게 일종의 개인비서 격인 자제군관 자격으로 동행할 것을 권했던 거야.

참고로 조선 후기 르네상스를 이끌었던 개혁군주 정조와 그 흐름의 좌장 격인 연암은 박명원을 매개로 한 집안이야. 연암과 박명원은 팔촌지간이고, 박명원은 영조의 딸 화평옹주의 남편이지. 그렇다면 영조의 손자인 정조에게 화평옹주는 고모이고 박명원은 고모부가 되겠지. 이렇게 해서 연암과 정조는 '사돈의 팔촌' 사이가 돼.

이런 인연을 통해 연암은 1780년 음력 5월 25일 한양을 떠나 10월 27일에 다시 한양으로 돌아오는 150여 일의 '해외여행'을 떠날 수 있게 되었지. 북경행은 당시 '백수'였던 연암에겐 이만저만한 행운이 아니었어. 그런데 정작 더 큰 행운은 우리에게 있는 게 아닐까. 연암이 한양에서 북경까지, 그리고 다시 열하까지의 노정에서

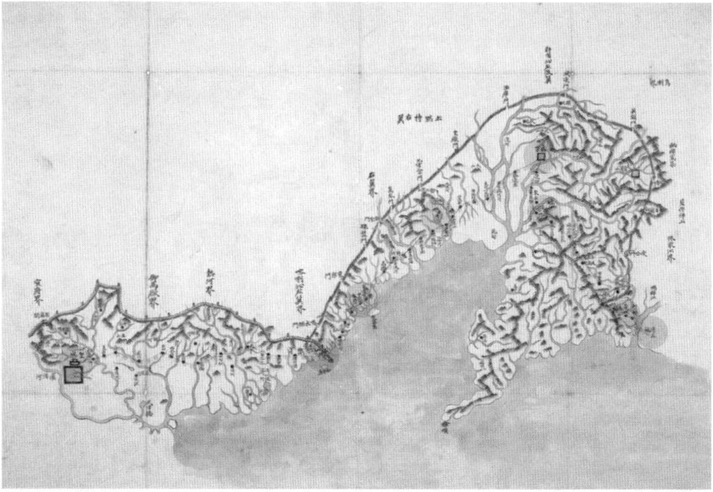

✚ 규장각한국학연구원 소장의 〈여지도〉 속에 포함된 〈의주북경사행로〉에 연암의 연행 루트를 표시해 보았다.

길어 올린 견문과 사유를 힘들이지 않고 나눠 가질 수 있는 행운, 즉 『열하일기』를 얻게 되었으니 말이야.

'말안장에 달린 두 개의 주머니에는 왼쪽은 벼루, 오른쪽은 거울, 붓 두 자루, 먹 하나, 작은 공책 네 권, 거리를 표시한 두루마리가 들었다.' 압록강을 건너던 날 연암의 크로키야. 보고 듣고 느낀 모든 것을 기록하겠다는 굳은 의지가 엿보이는 단순하고 경쾌한 행장이지. 이제 우리는 연암의 선물 『열하일기』만 챙겨 '연암의 연행'에 동행하고, '연암의 북경'을 함께 둘러보며, '연암의 열하'까지 따라가 보자.

영정문
조가패루
북진묘
요동 백탑

1부

연암의 연행

연행1 압록강

연암과 함께 압록강을 건너자!

『열하일기』는 잘 알려진 것처럼 연암의 북경 및 열하 여행기야. 그래서 여정을 요약하는 것으로 글이 시작되지. '오후에 압록강을 건너 30리를 가서 구련성九連城에서 노숙했다.' 동시에 『열하일기』는 제목처럼 중국 여행 기간 중 연암이 쓴 '일기'이기도 해. 그래서 날짜와 날씨가 맨 앞에 기록되는데 대체로 이런 식이야. '6월 24일 신미辛未, 밤에 소나기가 퍼붓더니 이내 개다.'

연암이 여행을 시작한 건 한양이야. 하지만 앞서 인용한 것처럼 여행의 기록은 출발 약 한 달 후 압록강을 건널 때부터 시작돼. 압록강을 건너는 일은 150일에 걸친 연행 대장정의 시작이자 『열하일기』의 시작이기도 해. 그래서 총 10권으로 구성된 『열하일기』의 첫 책이 '압록강을 건넌 기록', 『도강록渡江錄』인 거지.

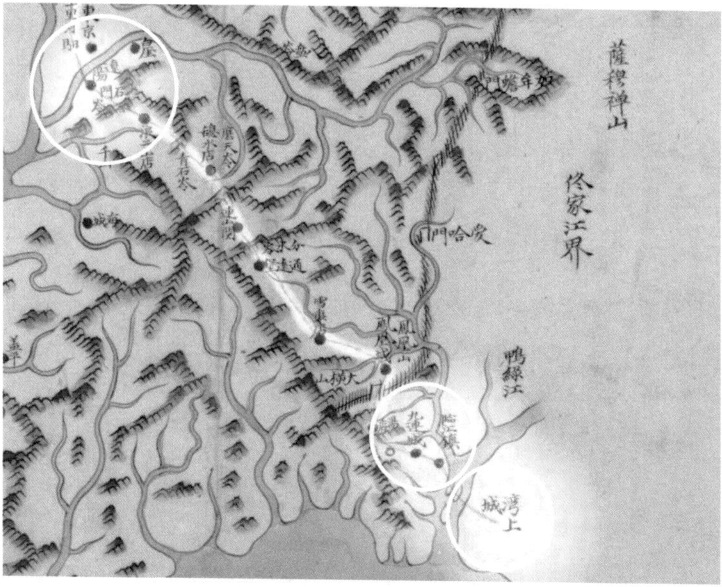

✚ 『도강록』은 의주(지도에서 湾上城으로 표기)에서 요양遼陽까지 15일간의 기록이다.

이때는 양력으로 7월 25일로 더위가 한창이고 또 장마철이기도 해. 그래서 연암 일행은 압록강을 건널 때 불어난 강물 때문에 애초의 경로를 벗어나는 등 고생이 이만저만이 아니었지. 하지만 연암은 여유 만만했어. 눈앞의 곤경에 위축되기는커녕 장쾌한 시각을 보여 줘. '지금 불어난 물의 형세로 살펴보아 백두산에 긴 장마가 들었음을 미루어 알 수 있겠다.'

이제 우리는 230여 년 전 그날로 거슬러 올라가 연암과 함께 '도강渡江'을 해볼 생각이야. 연암 일행은 의주성에서 열흘 동안 머물렀어. 청나라 황실에 바칠 조선의 특산품이 도착하지 않았기 때문이야. 그런데다 큰비가 내려 압록강 물길까지 거세지는 바람에 출발이 계속 늦어졌지. 더 이상 지체할 수 없다고 판단한 정사 박명원은 도강 날짜를 6월 24일로 정해.

강을 건너기로 한 날, 연암은 마부 창대와 하인 장복을 거느리고 일행보다 일찍 숙소를 출발했어. 그런데 갑자기 소나기가 내려 비를 긋기 위해 잠시 문루門樓에 오르지. 비를 피하며 쉬고 있는데 장복이 어디론가 가더니 술을 한 병 사 와. 압록강을 건너면 곧 청

✚ 〈평북의주군도〉의 의주성 부분이다. 『열하일기』의 첫째 날 출발 지점인 구룡정과 도착 지점인 구련성이 확인된다.

나라이고 그러면 당분간은 조선 돈이 필요 없었기 때문이야. 푼돈을 써버리려는 속셈이었던 거지.

그런데 정작 장복은 술을 마실 줄 몰랐어. 술병을 건네받은 연암은 문루의 첫 번째 기둥에 술을 부어 긴 여행이 무사히 끝나기를 빌어. 그리고 또 한 잔을 부어 그 지난한 여정에 자신을 도와 고생이 막심할 하인 장복과 창대의 안녕을 기원하지. 마지막 남은 술은 땅에 뿌리는데, 이는 자신이 타고 갈 말을 위한 것이었어.

오후에 연암 일행은 드디어 의주성 북쪽 구룡정九龍亭 아래 나루터에서 배를 타게 돼. 위성지도로 확인하면 지금도 이곳에는 배를 정박할 수 있는 콘크리트 구조물이 있어. 옛날부터 나루터로 사용돼 왔으니 시설을 확충해 지금도 사용하는 거겠지. 연암 일행이 이용할 수 있는 배는 다섯 척뿐이라 일행 전체가 동시에 건널 수 없었어. 또 계획했던 루트대로 한 번에 당일 목표 지점이었던 구련성九連城에 도착하지도 못하지.

급한 물살 때문인지 연암과 정사 일행이 탄 배는 애초 계획했던 곳에 닿질 못해. 급한 물살에 배는 하류로 한참 흘러 내려왔고 그래서 '갈대가 마치 짜놓은 듯 빽빽이 들어서서 땅바닥이 뵈지 않는' 갈밭에 우선 내리게 되지. 그곳에서 뒤처진 일행을 기다려 합류한 다음 갈대밭을 10리 정도 헤쳐 나가자 다시 강이 길을 가로막네. 다행히 그곳에는 며칠 전부터 조선 사행단을 기다리던 청나라 사공들이 있었어.

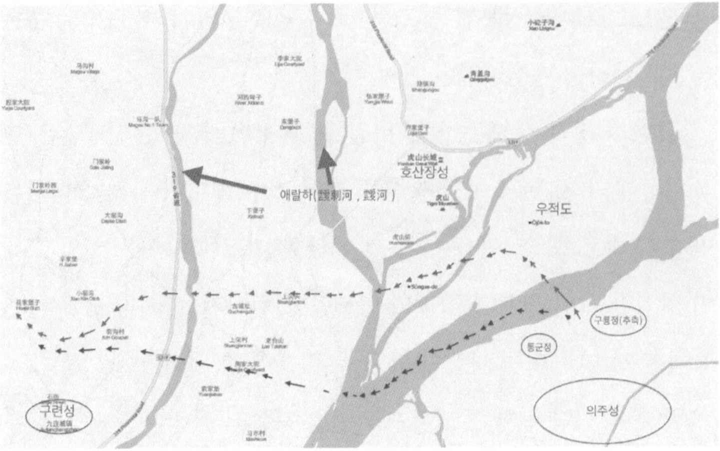

여기까지의 과정을 지도를 통해 고증해 보자. 많은 이들이 붉은 화살표 방향으로 연암 일행이 강을 건넜다고 주장하는데, 이는 옳지 않아. 지형이 많이 변했다 하더라도 파란색 화살표 방향으로 도강했을 가능성이 훨씬 높지. 출발하자마자 배는 거센 물살 때문에 하류로 흘러갔겠지. 연암이 묘사한 갈대밭은 파란색 화살표가 가로지르는 곳이야. 그곳의 폭은 대략 4km로 10리에 해당하고 그 앞에 강이 하나 더 가로놓여 있는 것이 연암의 기록과 일치하지.

지금 우리는 연암의 도강 루트를 그대로 따라갈 수는 없어. 출발 지점인 의주 구룡정과 연암이 건넌 압록강은 바라볼 수는 있어도 가거나 건널 수는 없지. 연암에게 압록강은 '내 나라'와 '남의 나라'의 경계였지만 지금 우리에게 그곳은 또 하나의 '타국'과 중국의 경계라는 게 무척 가슴 아픈 일이지. 이곳에서 만난 한 중국인에게

✚ 강 건너 콘크리트 구조물이 연암이 출발했던 구룡나루가 있던 자리다.

✚ 연암 일행은 1차 노상으로 가옥과 비닐하우스가 밀집된 지역에 도착했을 것이다. 왼쪽이 압록강이고 오른쪽이 삼강三江, 지금의 애하靉河다.

한국인인 우리는 다리를 건너 북한 땅으로 갈 수 없다고 말했더니, 그럼 배를 타고 건너면 되지 뭐가 문제냐고 반문해 우리를 무척 슬프게 했어.

'남의 나라'가 돼 버린 압록강 건너편을 바라볼 수밖에 없는 게 지금의 현실이지. 연암이 압록강을 건너며 꿈꾸었던 '새로운 조선'은 결코 이런 모습이 아니었을 거야. '세계 최고의 여행기' 『열하일기』가 시작되는 곳에서 우리 자신이 세계에서 유일한 분단국가의 일원임을 가슴 아프게 확인하게 된단다. 마치 청둥오리(鴨: 오리 압)의 머리처럼 푸르기(綠: 초록빛 녹)에 이름이 붙여졌다는 압록강鴨綠江가에서 시퍼렇게 멍든 가슴을 치고 또 치는 게 비단 우리만은 아니겠지.

그런데 우리를 더 슬프게 하는 일이 있어. 압록강 건너 구룡나루가 있던 자리와 연암의 도강 루트를 한눈에 확인할 수 있는 곳은 호산장성虎山長城이라는 곳이야. 압록강 북쪽 강변에 돌출된 호산虎山의 능선을 따라 대략 1km 내외의 성벽과 몇 개의 적루敵樓를 새로 만들어 조성한 곳이지. 여기까지 설명에는 별 문제가 없어 보이지.

그런데 이곳 초입에 서 있는 거대한 구조물에 새겨진 문구가 문제야. '만리장성동단기점萬里長城東端起點', 그러니까 이곳이 명나라 때 쌓았던 만리장성의 동쪽 끝머리라는 주장이야. 과연 그럴까? 중국인들이 예로부터 만리장성의 동쪽 끝이라 여긴 곳은 이곳이 아니라 우리가 장차 답사하게 될 산해관의 노룡두야. 그곳에는 노룡두가

✚ 호산장성虎山長城 조형물 아래 만리장성동단기점萬里長城東端起點이라는 문구가 새겨져 있다.

만리장성의 동쪽 끝이라고 명백하게 쓴 문구가 돌에 새겨져 있어.

그럼 이곳 호산장성은 어떤 곳일까? 중국인들이 명나라 장성이라고 주장하는 이곳은 놀랍게도 고구려의 성 중 하나인 박작성泊灼城이 있던 자리야. '압록강을 100여 리 거슬러 올라가 고구려의 박작성에 이르렀다.'는 문장은 중국 역사서 『구당서』의 기록이야. 물론 우리 기록인 『삼국사기』에도 박작성이 험준한 요새라 당나라 수군이 이곳을 함락시킬 수 없었다는 기록이 남아 있어.

후손들이 겪을 이 비극적 상황을 예감하고 우리를 위로하려 했던 것일까? 연암은 『열하일기』 내내 이어질 웃음의 퍼레이드를 이곳에서 시작한단다. 청나라 사공들이 배를 대고 기다리던 곳이 무척 질척거렸나 봐. 연암은 그곳을 딛기 싫었는지 '날렵하게' 점프해 냉큼 청나라 사공에게 업혀. 한덩치 했던 연암을 업은 사공은 고사를 인용하면서 살집 좋은 연암을 호랑이에게 먹이로 던져 주면 좋겠다고 에둘러 욕하지. 연암은 웃으며 넘길 뿐이고.

우여곡절 끝에 일행은 첫날 목표했던 구련성에 도착해. 하지만 그곳은 그저 '풀이 우거진 곳'일 뿐이었어. 여행이란 애초 '길 위의 삶'임을 우리는 연암의 묘사로 알 수 있지. '역관은 세 사람 혹은 다섯 사람씩 한 천막에 들었다. 역졸과 마부들은 다섯씩 또는 열씩 어울려 시냇가에 나무를 얽어매고 그 속에 들었다. 밥 짓는 연기가 자욱이 서리고, 사람과 말 울음소리가 소란한 것이 의젓한 한 마을이 만들어진 듯하다.'

그런데 한밤중에 소낙비가 내려. 고어텍스일 리 없는 천막은 젖어 빗물이 새고 바닥에서는 습기가 치밀었지. 불퉁거릴 만도 한데 연암은 여전히 여유가 넘쳐. 비가 곧 그치자 다시 하늘이 열렸고 연암의 낭만은 하늘의 별만큼 난만爛漫해. '하늘에 별들이 총총히 드리워 손으로 어루만질 수 있을 것만 같다.'

✚ 연암이 연행 첫날 묵었을 구련성 쪽으로 해가 지고 있다.

『열하일기』에서 찾기

– 『도강록』, 「6월 24일 신미」

답사지 찾기

– 호산장성虎山長城[虎山长城, 후산창청]
이곳은 단동丹東[丹东, 단둥] 시내에서 동북쪽으로 20km 정도 떨어져 있고 택시로 이동 가능하다.

답사 포인트

– 호산장성 꼭대기에서 건너편 구룡나루터 확인하기!
– 연암 일행의 도강 루트 확인하기!
– 연암 일행이 첫날을 보냈던 구련성 일대 확인하기!
– 호산장성 가는 길에 압록강에 떠 있는 위화도威化島 확인하기!
– 덤으로 단동 시내에서 압록강 단교 답사하기!

연행2 요양 · 심양

연암이 심양에서 이틀 머문 이유는?

현재 쉽게 구할 수 있는 『열하일기』 한글 완역본은 〈한국고전종합DB〉에서 제공하는 자료와 영남대 김혈조 교수 번역으로 돌베개에서 출간한 책, 그리고 북한 리상호 선생의 번역을 출간한 보리출판사 번역본이야. 그런데 1,500여 쪽이 넘는 『열하일기』를 읽었냐고 물으면 학생들은 아마도 그 '지루한' 책을 입시 공부만으로도 바쁜 우리들이 어떻게 읽을 수 있느냐고 반문할지 모르겠다. 그러나 우리나라 중고등 학생들은 대부분 『열하일기』 전체는 아니더라도 일부분은 읽고 공부했어. 다만 자신들이 배운 작품이 『열하일기』에 포함되어 있다는 사실을 모를 뿐이야.

대표적인 것이 「통곡할 만한 자리」 혹은 「호곡장론好哭場論」이라는 제목으로 널리 알려진 글이야. 이 작품은 『열하일기』 첫 번째 책인 『도강록』의 7월 8일 내용 중 일부를 따로 떼 내 한 편의 글인 것처럼 교과서에 수록한 거야. 이런 설명이 없기에 학생들은 자신이 『열하일기』를 부분적으로나마 읽었다는 사실을 모르는 거지.

연행에 나선 조선 사신들에게 가장 큰 충격을 주었을 중국 영토의 광대함, 조선과는 전혀 다른 공간적 체험을 제공하는 요동 벌판은 많은 이들의 기록에 남아 있어. 연암 또한 예외가 아니었지. 험한 청석령과 마운령 두 고개를 넘은 연암 일행은 '하늘 끝과 땅끝이 마치 아교로 붙인 듯, 실로 꿰맨 듯' 광활한 요동 벌판을 마주하게 돼. 이때 연암은 소리치지.

"한바탕 통곡하기 좋은 곳이로구나."

정확히 30년 후 이곳을 지나던 추사 김정희는 연행 선배이자 스승의 스승인 연암의 글을 떠올리며 시를 토해 내지.

'천추의 커다란 울음터라니 / 재미난 그 비유 신묘도 해라.'

추사의 스승인 초정 박제가는 연암 박지원의 제자이니 추사와 연암 또한 한 다리 건너 사제지간이라고 할 만해.

그런데 연암이 요동 벌판을 마주하고 감탄하기 전에 이곳의 상징과도 같은 백탑이 가까웠음을 알리는 하인의 전언이 있었어.

"백탑이 보입니다."

연암은 이 탑이 무척 인상적이었던지 「요동백탑기」라는 글을 따로 남겼어. 추사 또한 「백탑」이라는 시를 지어 '백리 밖에 방울 소리 들려오고 / 여덟 모퉁이에 신비한 조각이 가지런하네'라고 연암의 감탄에 맞장구를 쳐. 그러나 지금 우리에겐 연암과 추사의 글만 남았을 뿐 백탑은 거의 흑탑이 되었고 풍경 소리 또한 어디론가 사라져 버렸어.

> 여덟 면으로 된 백색의 이 탑은 13층으로 높이가 70길이나 된다고 한다. (……) 탑 꼭대기에는 구리북 세 개가 놓였고, 층마다 처마 귀퉁이에 풍경을 달았는데, 그 크기가 물통만 하고, 바람이 불 때마다 풍경 소리가 멀리 요동 벌판에 울려 퍼진다.
>
> –『도강록』, 「요동백탑기」

이곳 요동은 우리 역사에도 자주 등장해. 고구려는 이곳에 요동성을 쌓고 수나라와 당나라의 침략에 맞섰어. 훗날 고려 또한 이곳을 잠시 점령했지. 그런데 이 일이 고려 멸망의 단초가 돼. 명나라를 세운 주원장은 이곳이 애초 원나라의 영토였기에 그를 잇는 명이 이곳을 차지하겠다고 통보하지. 그러자 당시 고려의 실권자였던 최영은 요동 정벌을 추진해. 그러나 요동 정벌군을 이끌었던 고려의 장수 이성계는 요동 정벌 4불가론을 내세워 압록강 위화도에서 회군하고, 한반도에서도 왕조가 갈려.

✚ 연암이 보았던 풍경은 그대로지만 이제 풍경 소리는 들리지 않는다.

그 이성계가 세운 조선이 당한 최대의 굴욕, 병자호란의 상흔이 고스란히 담긴 곳인 심양은 요동에서 멀지 않아. 조선시대 사행단은 연행 중 역참에서 하루만 묵는 게 관례인데 심양에서만은 이틀을 묵어야 했어. 심양은 조선 사람들이 가고 싶기는커녕 기억하고 싶지도 않은 곳이었음에도 불구하고 말이야.

심양은 병자호란 이후 두 명의 왕자가 8년간 억류되었고 50만 명의 조선인 포로가 노예 시장에서 팔려 갔던 비극의 현장이었어. 그런데 왜 청나라 조정은 조선 사행단에게 이곳에서 이틀씩이나 머물라고 했을까? 아마 일종의 암묵적 위협이었을 거야, 과거를 기억하라는! 그래서인지 심양은 사신들이 반드시 관복으로 갈아입고 입성해야 하는 세 곳 중 한 곳이기도 했어.

심양은 후금과 이를 이은 청나라의 첫 번째 수도였어. 후금의 황제 누르하치와 청나라의 황제 홍태시洪台時는 이곳에 황궁을 건립하는데, 바로 심양 고궁瀋陽故宮이야. 이곳은 북경 자금성에 비하면 1/12 정도로 작은 규모지만, '북방의 기마민족으로서 형식에 얽매이지 않고 자유분방한 만주족의 특성이 건축 기법에도 반영'된 근사한 곳이야.

✚ 심양의 대표적인 역사 유적인 심양 고궁은 유네스코 지정 세계문화유산이다.

심양 고궁은 크게 동로東路 · 중로中路 · 서로西路로 나뉘는데 연암은 이 중에서 중로만 들어가 볼 수 있었고 동로는 힐끗 훔쳐볼 수밖에 없었어. 문을 지키던 관인들이 신경 쓰였던지 연암은 초장부터 실수를 해. 심양 고궁의 정문 이름은 '대청문大淸門'인데 '태청문太淸門'으로 잘못 적은 거지. 정문을 통과하자 연암의 면전에 심양 고궁의 정전과 뜰이 한눈에 펼쳐져.

궁전 편액은 숭정전崇政殿이라 하였고, 또 정대광명正大光明이라는 편액도 붙어 있다. 왼편은 비룡각飛龍閣, 오른편은 상봉각翔鳳閣이라

하였고, 그 뒤에는 3층짜리 높은 누각이 있는데 봉황루鳳凰樓다.

－『성경잡지』, 「7월 10일」

연암의 기록대로 심양 고궁의 정전인 숭정전에는 건물 바깥에 '숭정전崇政殿', 안쪽에는 '정대광명正大光明'이라는 편액이 걸려 있어. 그런데 바로 이곳 숭정전 뜰에서 병자호란 참화의 씨앗이 싹텄어. 황제로 등극한 청태종에게 조선 사신들이 절하지 않아 집단 구타를

✚ 고궁 내에서 판매하는 기념우표로 심양 고궁의 동로, 중로, 서로를 확인할 수 있다.

✚ 만주족의 자유로움과 기상이 돋보이는 궁전 장식이 인상적이다.

당했던 장소가 바로 이곳이다.

✚ 숭정전 내부에 걸린 정대광명 편액

연암은 마치 숭정전과 봉황루가 같은 공간에 있는 것처럼 썼지만 두 건물은 전혀 다른 위계 공간에 위치해. 보통 동양의 전통적인 '궁전宮殿'은 사적 공간인 뒤쪽의 '궁宮'과 공적 공간인 앞쪽의 '전殿'으로 구성돼. 그리고 전이 궁보다 높은 곳에 위치하지. 그런데 심양 고궁은 황제와 황후의 침소인 청녕'궁'이 직무 공간인 숭정'전'보다 4m 정도 더 높은 곳에 있어. 연암이 묘사한 봉황루는 바로 숭정전과 청녕궁을 가르는 건물로 심양 고궁에서 가장 높은

✚ 봉황루

전각이야.

연암이 문을 지키는 병사들 때문에 들어가지 못하고 문밖에서 멀리 바라보았다는 곳은 심양 고궁의 동측 건물들이야. 여기는 세계 건축사에 유래가 없는 건축물이 있는 곳으로 유명해. 황제가 좌정하는 대정전大政殿은 좌우 왕과 팔기군八旗軍의 각 대표가 자리하는 십왕정十王亭을 거느리듯 자리 잡고 있어. 문틈으로 급히 보았기 때문인지 연암은 또 '대大'를 '태太'로 잘못 기록하고 있어.

이곳 대정전은 후금의 첫 번째 황제 누르하치, 청나라의 첫 번째 황제 청태종, 청나라가 북경을 차지한 후의 첫 번째 황제 순치제, 이 세 사람이 즉위한 장소야. 정자가 다섯 채씩 2열로 마주 보고 선 십왕정은 청나라의 독특한 군사 체제인 팔기군의 야전 지휘소를 건축물로 구현한 것이라고 해. 드넓은 초원에 세운 천막이 궁궐

안으로 들어온 격이지.

동로의 대정전과 십왕정이 청나라 초기의 강력한 군사적 위세를 거침없이 보여 준다면, 서로에는 청나라가 문화적으로 융성했던 시기를 상징할 만한 건물이 있어. 바로 문소각文溯閣이야. 세계 최대의 백과사전 『사고전서』가 보관된 네 곳 중 한 곳이 바로 여기야. 특히 문소각은 『사고전서』를 보관했던 네 곳의 황실 서고 중 원형이 가장 잘 보존된 곳이라고 해. 『열하일기』에 문소각에 관한 기록이

✚ 황실 도서관의 지붕은 물을 상징하는 검은색이다.

없는 걸로 보아 연암은 이곳을 구경하지 못했던 것 같아.

심양 고궁은 청나라의 발원지이자 문화적 융성을 증명하는 장소지만 우리는 이곳에서 어쩔 수 없이 소현세자와 조선의 비운을 떠올릴 수밖에 없어. 소현세자는 인질로 잡혀 있을 때에도 당시 청나라에 수입된 서양 문물을 적극 받아들였다고 해. 조선으로 돌아가 왕이 되면 그 경험이 백성들의 삶을 윤택하게 할 수 있으리라는 희망으로 그리했을 거야. 누구보다도 앞선 '북학北學'이지.

당시 조선은 '북벌北伐'의 시대였어. 그러나 당시 조선의 기득권자들에게 북벌은 병자호란의 치욕을 되갚자는 의기가 아니라 자신들의 정치권력을 유지하기 위해 정적政敵을 제거하는 비열한 수단이었을 뿐이지. 그래서 청나라를 배우자는 세자는 그들에게 위협적인 존재였을 거야. 10년 가까운 외국 포로생활에서도 살아남은 조선의 왕세자는 고국에 돌아온 지 2개월여 만에 의문의 죽음을 당하고 말지.

그럼 소현세자를 대신하여 왕이 되었던 봉림대군 효종은 어떨까. 그의 캐치프레이즈 '북벌'이 연암의 「허생전」에 묘사된 대로 무용하고 무책임한 것이었는지, 아니면 왕권 강화를 위한 고도의 정치 공학적 전략이었는지를 따지는 건 이 글의 범위를 넘어서. 효종 또한 조선 개혁의 꿈을 못다 이룬 채 갑작스러운 죽음을 맞기는 형 소현세자와 마찬가지였어. 여기서는 그런 참혹한 이야기 말고 훈훈한 에피소드 하나 소개하는 것으로 글을 마무리하자.

서울 대학로 뒤편에 남북으로 가로지른 야트막한 산자락이 낙산駱山이야. 이곳 산비탈에는 '홍덕이밭(弘德田)'이라는 게 있는데, 봉림대군과 관련된 이야기가 하나 전해지고 있어. 봉림대군이 심양에 끌려갔을 때 그를 모셨던 나인 홍덕이가 직접 채소를 기르고 이것으로 김치를 담가 봉림대군에게 올렸다고 해. 조선으로 돌아와 왕으로 즉위한 후에도 계속 김치를 바치니 이에 감동한 봉림대군이 상으로 이 밭을 내렸다는 이야기야.

또 다른 '전설'은 심양에서의 김치 맛을 잊지 못한 효종이 홍덕이에게 낙산 언덕배기를 주고 채소를 길러 김치를 담가 올리라고 명했다는 거야. 사실이야 어찌 됐든 심양에서의 포로 생활을 한 편의 아름다운 드라마로만 기억하기에는 상처가 너무 깊지. 연암은 당시 심양에 잡혀 있던 세자와 오가던 사신과의 이별을 '우리나라 사람이 가장 통곡했을 때'라며 다음과 같이 탄식했어.

> 심양에 머물게 된 여러 신하들이 떠나는 사람을 멀리 바라보고 있을 때 요동 벌판은 아득히 멀어져 가고, 심양의 나무들은 아스라이 멀어지는데 사람의 행렬은 콩알만 해지고 말들의 모습이 겨자씨만 하여 눈으로 보이는 곳은 아물아물하니, 땅끝과 물 끝이 하늘에 닿아 끝이 보이지 않게 되고 날은 저물어 숙소의 문이 닫힐 무렵에는 도대체 어떤 마음이었겠는가?
>
> —『막북행정록』,「8월 5일 신해」

『열하일기』에서 찾기

– 『도강록』, 「7월 8일 갑신」
– 『도강록』, 「요동백탑기」
– 『성경잡지』, 「가을 7월 10일 병술」

답사지 찾기

– 요동 백탑遼東白塔[辽东白塔, 랴오둥바이타]
현재 요동은 요양遼陽[辽阳, 랴오양]시로 이름이 바뀌었고, 심양沈陽[沈阳, 선양] 남서쪽으로 약 70km 떨어져 있다. 백탑은 요양시 어디에서나 보이므로 찾기 어렵지 않다.

– 심양 고궁瀋陽故宮[沈阳故宫, 선양구궁]
심양은 중국 동북 최대의 도시로 연암 연행 당시에는 성경盛京[성징]이라 불렸다. 지하철을 이용할 경우 1호선 중가中街[중제]역에 하차하면 된다.

답사 포인트

– 요동 백탑의 규모와 층수 및 면수 확인하기!
– 백탑의 풍경 소리가 들리는지 확인하기!
– 심양 고궁 숭정전과 그 앞뜰에 서 보기!
– 심양 고궁에서 궁과 전의 경계에 선 봉황루 확인하기!
– 심양 고궁의 대정전과 십왕정을 한눈에 확인하기!
– 『사고전서』를 보관했던 문소각 확인하기!

연행3 북진

북진묘 돌사자가 빙그레 미소 짓는 까닭은?

압록강을 건넌 후 계속 북쪽으로 향하던 연암 일행은 심양을 지나면서는 발해渤海의 해안선을 따라 남서쪽으로 방향을 틀게 돼. 연암은 이때의 기록을 '말을 타고 가듯 빠르게 쓴 수필, 『일신수필馹汛隨筆』'이라는 제목으로 엮었는데, 예외적으로 꼼꼼하게 기록한 곳이 몇 군데 있어. 그 첫 번째 장소가 광녕성廣寧城, 즉 지금의 북진이야.

연암은 당시 광녕성의 번화함이 요동 못지않다고 기록했어. 또 '시장 점포를 뚫고 지나갔다'라고 묘사했는데, 현재의 북진 시내도 그때와 마찬가지로 시끌벅적한 도떼기시장을 방불케 해. 이 경험 때문이었을까? 연암은 그 유명한 '중국의 장관' 이야기를 이날 일기에 기록해. 중국의 광활한 풍광과 거대한 건축물이 아니라 깨진 기와 조각과 똥 덩어리야말로 장관 중의 장관이라는 주장이야. 그

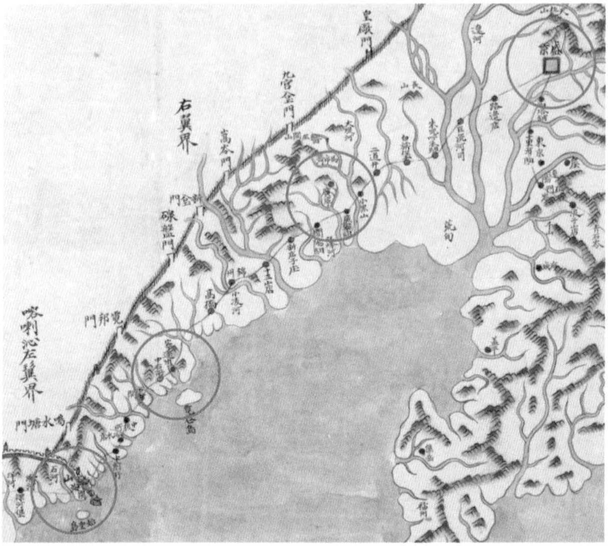

✚ 오른쪽 상단의 성경盛京, 즉 심양에서 왼쪽 하단의 산해관山海關까지가 『일신수필』의 여정이다. 그 사이의 동그라미는 각각 북진과 영원성이다.

속에서 청나라 실용정신의 정수를 엿볼 수 있다는 게 연암의 생각이야.

> 깨진 기와 조각은 천하 사람들이 버리는 물건이지만, 민간에서 담을 쌓을 때 이를 활용해 여러 문양을 만든다. (……) 깨진 기와 조각을 버리지 않아서 천하의 무늬가 여기에 있다 할 것이다. (……) 똥은 지극히 더러운 물건이지만 이를 밭 거름으로 쓰기 위해 황금처럼 아낀다.
>
> – 『일신수필』, 「가을 7월 15일 신묘」

번잡한 시장 통을 지나자 거대한 석조 구조물이 연암 일행을 맞아. 바로 영원백寧遠伯 이성량의 패루야. 그가 누구기에 연암을 비롯한 조선 사신이 일부러 이곳을 찾았을까? 놀랍게도 그는 명나라 초기에 중국으로 귀화한 조선인의 후손으로 '요동왕'으로 불린 뛰어난 장수였어. 그런데 인연은 여기서 끝나지 않아. 그의 장남 이여송이 바로 임진왜란 당시 조선을 구원하기 위해 출병한 명나라 군대의 장수였던 거지. 이 패루는 요동 지방 방어에 공이 큰 이성량을 기리기 위해 황제의 명으로 세워진 거야.

연암은 일찍이 합천 해인사 근처 원융각에 보관돼 있던 이여송의 갓과 갑옷, 그리고 시 한 편을 구경한 적이 있었어. 그런 경험 때문인지 이성량, 이여송 부자에 대한 연암의 호의는 계속돼. 북경에서 참으로 우연히 이성량의 후손을 만나고 그의 부탁으로 그 집안의

✚ 복원 중이라 아쉽게 패루 상단만 찍을 수 있었다.

✚ '영원백 이성량寧遠伯李成梁'이라는 글씨가 패루 상단에 또렷이 남아 있다.

족보를 조선에 살고 있는 후손에게 전해 준 거지. 이 소식을 들은 정조는 족보를 직접 열람하고 그 후손의 품계를 높여 주기도 했어.

연암은 또한 이곳에서 쌍탑을 어렴풋이 보았나 봐. '광녕성의 수많은 집에서 나오는 푸른 연기가 하나의 띠를 만들어 감돌고, 층탑 한 쌍은 허옇게 솟아 있다'고 묘사한 건 숭흥사崇興寺 쌍탑이야. 연암은 이 탑이 무척 반갑지 않았을까. 동서 각각 43m, 42m의 '아

✚ 숭흥사 쌍탑 중 동탑

✚ 연암이 요동 벌판에서 보았던 요동 백탑

담한' 두 탑이 요동 벌판에서 이미 보았던 백탑의 쌍둥이 자식처럼 느껴졌을 테니 말이야. 두 곳의 탑은 요나라 양식으로 13층에 8면으로 크기는 다르지만 형태가 거의 똑같거든.

연암이 이곳에서 스치듯 묘사한 게 하나 더 있어. 광녕성 동문 밖 다리에 조각되어 있다는 '팔하'야. 동문을 찾는 게 우선이겠다 싶어 그곳 주민들에게 물어보아도 이곳이 성벽으로 둘러싸인 성곽 도시였다는 사실도 모르더라고. 나이 지긋한 노인 몇 분이 성곽이 있었던 곳은 기억하고 있지만 문의 위치에 대해서는 설왕설래할 뿐

딱 부러지게 말하질 못해. 현재 북진은 심양의 위성도시로 급속히 확장되고 있는데 그 과정에서 과거의 흔적이 사라지고 있는 거지. 거대한 성벽과 성문도 찾지 못했으니 조그만 조각상은 말해 무엇하겠어.

그런데 용의 아홉 아들 중 여섯 번째 아들이라는 이 녀석을 결국 북경에서 볼 수 있었어. 연암도 구경했던 북경 화신묘 근처 후문교 다리 좌우에서 말이야. 불을 누르는 기운이 있다는 해태獬豸와 달리 이 녀석은 물을 제압하는 기운이 있다고 하여 주로 다리 밑 아치 중앙에 머리를 새겨 넣지. 그러다 보니 전체 모습을 조각한 경우를 거의 볼 수 없는데, 매우 이례적으로 북경 후문교 좌우에 네 마리가 웅크리고 있어.

북진 시내를 벗어나면 서쪽으로 높지는 않지만 상당한 규모의 언덕이 있어. 그곳 정상에는 거대한 사당이 자리 잡고 있지. 바로 북진 시내를 멀리서 감싸고 있는 의무려산에 제사 지내는 북진묘北鎭廟야. '의무려醫巫閭'는 만주어로 '크다'는 뜻이라는데 사실 산의 고도 자체가 높지는 않아. 다만 넓은 벌판에 홀로 우뚝 솟아 있기에 이런 이름이 붙은 듯해.

✚ 북경 후문교 팔하

이곳은 연암의 벗 담헌 홍대용이 쓴 『의산문답』의 배경이 된 곳이기도 하고, 멀리는 광개토대왕비에도 등장해. 광개토대왕이 돌궐을 정벌하는 기사에 '부산富山 부산負山과 염수鹽水를 넘어 육칠백 영을 점령했다'는 기록이 있어. '부산富山', 즉 다른 곳과는 달리 산림이 울창한 산이라는 뜻의 이곳이 바로 의무려산을 가리켜.

✚ 북진묘에서 바라본 의무려산 전경이다.

연암은 하늘을 올려다보고 땅을 굽어봐도 거칠 게 없는 북진묘에서 특유의 뻥을 쳐. '동쪽을 바라보니 강남땅과 산동 지방이 내 손에 닿을 듯 가까워 보이나 시력이 미치지 못해 한스러울 뿐이다.' 최소 1,000km 이상 떨어진 산동반도와 2,000km 밖의 항주와 소주가 그곳에서 보일 리 없지. 북진묘 패루 앞 돌사자도 연암의 호탕한 농담이 우스웠나 봐. 그때 그 표정이 이랬을까?

✚ 언덕에 자리한 북진묘에 이르면 시야가 탁 트이는 것은 사실이다.
왼쪽으로 보이는 것이 북진 시내다.

『열하일기』에서 찾기

– 『일신수필』, 「가을 7월 15일 신묘」

– 『일신수필』, 「북진묘기」

답사지 찾기

– 이성량 패루李成梁牌樓[李成梁牌楼, 리청량파이러우]

북진北鎭[北镇, 베이전]시는 심양에서 서쪽으로 약 150km 떨어진 소도시로, 이성량 패루는 시내 정중앙에 위치한 시장 한복판에 서 있다.

– 숭흥사 쌍탑崇興寺雙塔[崇兴寺双塔, 충싱쓰솽타]

절은 시내 북쪽에 자리 잡고 있으며 탑은 어느 곳에서도 잘 보이므로 찾기 어렵지 않다.

– 북진묘北鎭廟[北镇庙, 베이전먀오]

시내에서 서쪽으로 수 킬로미터 벗어난 언덕에 위치하고 있어 근처에 가면 쉽게 찾을 수 있다.

답사 포인트

– 이성량 패루와 '영원백 이성량寧遠伯李成梁' 편액 확인하기!

– 숭흥사 쌍탑과 요동 백탑 비교하기!

– 북진묘 뒤편의 의무려산 바라보기!

– 북진묘 앞 돌사자의 표정 확인하기!

연행4 영원성

영원성에서 연암이 탄식한 이유는?

연암 일행이 산해관으로 향하던 중 성벽으로 둘러싸인 거주지를 다시 마주한 곳은 영원성이야. 그런데 연암은 영원성 자체에 대한 기록은 남기지 않았어. 왜냐하면 이미 지나왔던 심양성이나 광녕성에 비해 영원성은 '소박'하기 때문이지. 그래서 성내에 있던 조대락, 조대수 두 형제의 패루만 상세히 기록해.

그런데 지금은 상황이 역전되었어. 심양과 광녕은 급속한 도시 확장으로 성의 원형이 거의 사라졌지만 개발 광풍이 비켜 간 영원성은 놀라우리만치 원형 그대로 보전되고 있지. 현재 영원성은 서안성, 평요성, 형주성과 함께 중국 4대 고성古城으로 지정돼 국가 차원의 보호를 받고 있어.

영원성 동쪽 문에서 우리를 가장 먼저 맞이한 건 옹성에 배치된

✚ 연암 또한 이 동문을 통과해 성 안으로 들어갔을 것이다.

✚ 성 중앙에 위치한 종고루에서 남쪽 방향, 조가패루가 선 곳을 바라본 전경이다.

홍이포紅夷砲야. '붉은 머리의 오랑캐' 네덜란드에서 수입한 이 대포로 명나라는 청나라와의 전쟁에서 몇 차례 승리하지. 물론 대세를 바꿀 수는 없었지만 말이야. 그런데 명나라와 청나라의 '고래 싸움'에서 조선이라는 '새우' 등이 터지는 일이 발생해.

✚ 영원성 남문에는 홍이포 모형이 놓여 있다.

명나라와의 전투에서 청은 소현세자와 봉림대군을 일종의 상징적 '총알받이'로 삼아. '아버지' 명나라가 '아들' 격인 조선 왕자의 신변을 염려하면 전술적으로 유리하리라 생각했기 때문일 거야. 동시에 청나라는 조선의 세자와 왕자를 앞세우면 조선이 함부로 자신들의 배후를 칠 수 없으리라는 전략적 판단도 했을 거야.

그런 와중에 영원성 동쪽의 송산에서 명, 청 두 나라가 맞붙게 돼. 이때 청나라의 원병 요청으로 조선은 어쩔 수 없이 조총부대를 파견하게 되지. 그런데 이사룡이라는 조선 병사가 명나라에 대한 의리를 지킨다며 탄알이 없는 공포空砲만을 쏘았어. '명나라와 우리나라는 의리로 따지자면 군신의 관계이고 은혜로 따지자면 부자의 관계'이므로 '어찌 차마 우리 부모에게 총을 쏠 수 있겠는가?' 하는 것이 이사룡의 생각이었어.

이 사실을 안 청나라 군영은 그를 수차례 달래지만 굴복하지 않자 이사룡의 목을 베지. 그러나 이사룡의 충절을 높이 산 청나라는 이후 소현세자가 환국할 때 그의 주검 운구를 허락했고 그의 유해는 고향에 안장돼. 경상북도 성주군에 세워진 충렬사, 현재의 옥천서원은 바로 이사룡을 기리는 사당이야.

이사룡의 '충절' 또는 그것을 떠받드는 조선 선비들의 '의리'는, 오랑캐 청나라와 상종할 수 없다는 비현실적 판단과 명나라 멸망 이후 춘추대의를 지킬 수 있는 건 오로지 조선뿐이라는 근거 없는 자기과시의 결과야. 그런데 망한 지 이미 100년이 넘는 타국의 황제를 위해 현재 자신의 조국 안위도 위태롭게 할 수 있다는 뿌리 깊은 사대주의, 그리고 현실적 효용보다는 관념적 우월만을 고집하는 소중화주의는 이사룡만의 문제였을까?

500여 년이 흐른 지금 한국인들의 인식 또한 당시 조선 사대부와 별반 다르지 않은 것 같아. 6.25 전쟁 당시 우리를 도왔던 미국은 '재조지은再造之恩'의 은혜를 입은 나라니 무조건 따라야 하고 중국은 더럽고 무질서한 나라이기에 도무지 배울 게 없다는 생각, 이미 '선진국'이 된 우리는 그들과 달라도 너무 다르다는 투명한 확신……!

두려운 것은 아이들도 어른들을 닮고 있다는 현실이 더 안타깝고 심란하지. 연암은 조선 사대부의 정체성을 포기하지 않으면서도 당대 조선을 비춰 보는 거울로서 청나라를 인식했어. 우리가 길고

긴 『열하일기』를 읽고 그 여정을 따라가는 본뜻이 여기에 있는 것임을 잊지 않았으면 좋겠어.

영원성을 통과했던 날 밤에는 새벽까지 번개가 치고 비가 내렸다고 연암은 기록하고 있어. 그때 연암의 마음자리는 그날 날씨만큼이나 심란했을 것 같아. 왜냐하면 조가패루祖家牌樓의 주인공인 명나라 장수 조대락과 조대수는 조선인 병졸 이사룡 혹은 그의 '충절'을 내면화하고 있던 조선 사대부와는 달라도 너무 달랐기 때문이야.

청나라의 압박에 못 이겨 전쟁에 나선 조선인 이사룡은 명나라에 대한 의리를 지킨다며 빈 총알을 쏘다 죽었는데, 정작 나라를 위해 목숨을 바쳐야 할 명나라 장수 조대수는 청군에게 항복했기 때문이야. 그러나 연암은 우선 무심한 듯 두 패루를 묘사해.

✚ 영원성 남문 성루에서 본 전경으로, 앞쪽이 조대수 패루이고 뒤쪽이 조대락 패루다.

> 영원성 안 한길가에 조가패루가 마주 섰는데, 그 사이가 수백 보나 되며, 두 패루가 모두 삼문으로 되었고 기둥마다 앞에 몇 길 되는 돌사자를 앉혔다. 하나는 조대락의 패루요, 또 하나는 조대수의 패루이다. (……) 두 패루를 세운 솜씨와 그 아로새긴 공력은 거의 사람 힘이 미치지 못할 바다.
>
> —『일신수필』, 「7월 19일 을미일」

230년의 시간이 한순간에 지난 듯, 연암의 묘사 그대로 서 있는 패루가 오히려 비현실적으로 느껴져. 연암은 두 패루의 정교함에 감탄하지만 곧 어조를 바꾸지. '이제 그들의 패루만 우뚝 서 있을 뿐, 은나라 때부터 내려온 조씨 집안의 장수로서의 명성은 무너져 한갓 후인들에게 비웃음이나 손가락질을 당하고 말았으니, 패루가 무슨 보탬이 되겠는가?'

연암의 조롱 혹은 한탄이 헛말은 아니야. 조대락 패루 전면에는 '큰 공훈을 처음 하사받았다'는 뜻의 원훈초석元勳初錫이, 후면에는 '장수가 되어 준엄하고 열렬한 공을 세웠다'는 뜻의 등단준열登壇峻烈이라는 글귀가 지금도 또렷하기 때문이지. 이뿐만이 아니야. 조대수 패루에도 '4대에 걸친 장수 집안'이라는 뜻의 '사대원융四代元戎'과는 조금 다르지만 같은 뜻의 글귀가 확인돼. 적군에게 사로잡히고 항복한 조씨 형제가 보았다면 아닌 게 아니라 얼굴 붉히며 쥐구멍에라도 숨을 것 같지.

명나라를 위해 목숨을 바치지 않은 조씨 형제가 비겁해 보였을까? 연암은 명나라의 마지막 충신 원숭환의 비극적 최후와 그 과정에 대해선 상세히 기록해. 앞서 명나라가 후금 그리고 이를 이은 청과의 전쟁에서 몇 차례 승리했다고 했는데, 그중 '영원대첩'을 진두지휘한 장수가 바로 원숭환이야. 이 전투에서 입은 부상 후유증으로 누르하치는 사망하기까지 하지.

✚ 연암의 기록대로 '등단준열登壇峻烈' 글씨가 지금도 또렷하다.

위기는 영웅을 만들지만 영웅은 자신이 갖고 있는 바로 그 힘 때문에 위태롭기 쉬워. 원숭환 또한 예외는 아니어서 모함을 받아 극형에 처해져. 연암은 다른 글에서 '원숭환이 북경에 들어와 황제를 구원하려다가 도리어 모함을 당했는데, 황제가 친히 평대에 나와 앉아서 원숭환을 찢어 죽였다'고 기록하고 있어.

연암은 정확히 몰랐을 그 이후 이야기를 조금 더 해볼까. 원숭환은 '천도만화天刀萬禍'라는 형벌을 받았는데 이는 사람의 살을 한 점 한 점 포를 떠서 죽이는 극형이야. 당시 3,600번의 칼질을 했고 형을 집행하는 데 3일이 걸렸다고 하니 그가 당했을 고통과 분노가 어느 정도였을지 짐작은커녕 마냥 아득하기만 할 뿐이야.

사형 집행 후 원숭환의 머리는 잘리고 장대에 높이 걸려 있었는데 밤중에 사라져. 그러나 이 사건은 명나라가 망하는 혼란으로 묻히게 되지. 나중에 밝혀진 바이지만 사씨 성을 가진 그의 부하가 이를 수습해 자신의 집 뒷마당에 묻었다고 해. 그는 관직을 버리고 이름까지 바꿔 가며 상관의 유해를 지키며 살았어. 장장 360년 세월이야.

그는 세 가지를 후손에게 유언했는데, 자신이 죽으면 원숭환 장군 옆에 묻어라, 원숭환 장군의 가족은 몰살당했으니 대신 제사를 지내라, 후손들은 관직에 나가지 말되 글 읽기를 그치지 말라는 것이었어. 지금도 이곳에는 사씨의 후손이 원숭환 장군의 사당을 지키고 있어.

✚ 원숭환에 대한 현재의 평가를 압축적으로 보여 주는 문구로, 묘 입구에 걸린 편액이다.

✚ 왼쪽으로 보이는 작은 비석과 그 뒤의 묘가 원숭환의 시신을 수습한 사씨의 무덤이다.

참고로 명나라의 마지막 충신이자 명장 원숭환의 누명을 벗기고 명예를 회복시킨 이는 아이러니하게도 청나라의 건륭제였어.

원숭환이 중국 근현대사에 화려하게 재등장한 적이 있어. 1917년 중화민국을 중화제국으로 바꾸고 딱 3개월 황제 자리에 있었던 홍헌제, 즉 원세개袁世凱 지지자들에 의해서야. '오랑캐' 청나라를 뒤집고 새로운 한족 왕조를 세우려는 원세개를 한족 왕조 명나라를 위해 마지막까지 분투한 원숭환과 연결하려 했던 거지. 이 이야기를 들었다면 연암의 탄식은 또 얼마나 길어졌을까.

★ 답사를 위한 마침표 ★

『열하일기』에서 찾기

– 『일신수필』, 「19일 을미」

– 『황도기략』, 「자광각」

답사지 찾기

– 영원성寧遠城[宁远城, 닝위안청]

현재는 흥성고성興城古城[兴城古城, 싱청구청]이라고 불리는 이곳은 흥성興城[兴城, 싱청]시 서쪽에 있으며 이 도시는 산해관으로 유명한 진황도秦皇島[秦皇岛, 친황도우]시에서 북서쪽으로 약 150km 떨어져 있다.

– 조가패루祖家牌樓[祖家牌楼, 쭈자파이러우]

영원성 내에 위치하며 북문에서 남문을 관통하는 대로의 남쪽 지역에 위치한다. 남문에서 가까운 것이 조대수 패루, 그 북쪽에 위치한 것이 조대락 패루다.

답사 포인트

– 영원성 동쪽 성문의 홍이포 확인하기!

– 조대수 패루와 조대락 패루 비교하기!

– 조대락 패루의 '원훈초석元勳初錫' 등 확인하기!

– 영원성의 성벽 걸어 보기!

연행5 산해관

연암의 산해관성 입성 루트를 복원하라!

압록강을 건넌 지 정확히 한 달째 되는 날, 연암 일행은 드디어 만리장성의 관문을 통과하게 돼. 그 유명한 산해관성山海關城에 도착한 거지. 흔히 산해관 하면 천하제일관天下第一關만을 떠올리고 그래서 이곳을 하나의 문으로만 알고 있지. 산해관성은 둘레가 4km에 달하는 거대한 성이었다는 사실을 알지 못하는 거야. 천하제일관은 산해관성의 동쪽 문일 뿐, 산해관 전체는 아니야.

그럼 산해관山海關은 무슨 뜻일까? 성의 북쪽으로 이어진 각산角山과 남쪽의 발해渤海에서 한 자씩을 따와 이름을 지은 거야. 잘 알려져 있다시피 현재의 만리장성은 중국의 여러 왕조에 의해 부분적으로 축성되었던 것을 명나라 때 연결한 거지. 6세기에 처음 축성되었던 만리장성의 동쪽 끝 산해관성은 명나라 후기에 그 중요

✚ 숭실대학교 한국기독교박물관 소장 〈연행도〉의 제3폭 〈만리장성〉, 제5폭 〈동라성〉, 제6폭 〈망해정〉을 편집, 연결한 것이다.

성이 부각돼. 왜냐하면 명 초기에는 서쪽 몽골이 위협적이었지만 후기로 갈수록 동쪽의 만주족이 강성해졌기 때문이지.

그러나 산해관이 비단 군사적 요충지로만 역할했던 건 아니야. 연암은 산해관을 통과한 이후 북경까지의 여정을 '관내정사關內程史', 즉 '산해관 안쪽의 여정에 관한 글'로 이름 붙이고, '산해관 안의 풍습은 산해관 바깥과는 아주 다르다'라고 기록했어. 즉 이곳은 상징적으로 문명과 야만을 구분하는 경계였던 거지. 물론 연암 연행 당시 산해관은 행정적으로도 여전히 주요한 통로여서 사신을 제외한 사행단은 매우 엄격한 통관 절차를 거친 후 이곳을 통과할 수 있었어.

그런데 연암은 조금 이상한 이야기를 하고 있어. 산해관성을 들어서는데 세 개의 문을 통과했다는 거야. 마지막 문인 제3관을 천

✚ 연암도 당시 이 문을 통과할 때 엄격한 통관 절차를 거쳤으리라.

하제일관이라고 했으니, 그 앞에 두 개의 문이 더 있다는 뜻이지. 이게 무슨 이야기일까? 〈연행도〉의 제5폭 〈동라성〉을 자세히 들여다보면 의문이 풀려.

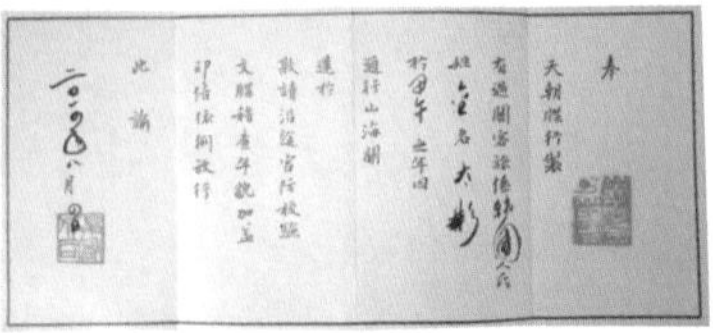

✚ 지금은 '통관문첩通關文牒', 즉 산해관을 통관할 수 있는 증명서에 여행객의 이름을 써주며 기념품으로 팔고 있다.

앞서 설명한 대로 산해관성은 동서남북 각 1km에 달하는 정사각형 모양의 성이야. 그 성의 동문이 천하제일관이지. 그런데 동문은 '관내'에서 '관외'로 진출할 때의 요충지이자 '관외'의 오랑캐를 막는 최전방이었기에 그 중요성이 남달랐어. 그래서 동문 밖에 뒤

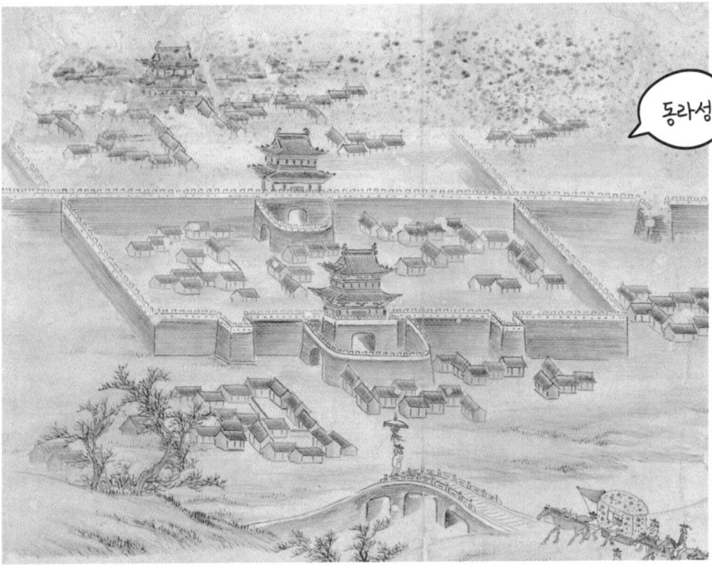

집힌 'ㄷ'자 모양의 성을 하나 더 쌓은 거야. 성 밖에 겹으로 둘러쌓은 성을 나성羅城이라고 하는데, 동쪽에 쌓았으니 '동라성東羅城'이 되는 거지.

위의 그림 〈동라성〉은 위쪽이 서쪽, 아래쪽이 동쪽으로 산해관성을 들어가는 조선 사행단을 그린 거야. 동라성의 동쪽 문 앞에는 연암의 묘사대로 '달 모양의 작은 성인 옹성'이 보이지. 옹성甕城이란 성문을 보호하기 위해 성문 밖에 쌓는 성을 말하는데, 바로 이곳이 제1관이고 그 바로 뒤에 있는 동라성 동문이 제2관이야. 그런데 지금은 옹성과 동문의 문은 엉성하게 복원되었고, 게다가 벽돌로 막혀 있어. 주변은 방치된 채 장터로 사용되고 있지.

✚ 연암 일행이 통과했을 동라성의 옹성 측문은 이렇게 벽돌로 막혀 있다.

✚ 연암이 제2관이라고 했던 동라성 동문 성루 또한 엉성하게 복원된 채 막혀 있다.

동라성과는 달리 산해관성은 대체로 복원이 잘 돼 있어 그 위용이 대단하지. 연암은 압록강을 건넌 후 자신이 본 성곽이나 성문은

✚ 연암 일행은 앞으로 보이는 동라성 앞의 시장, 저 길을 걸어왔을 것이다.

'산해관에 비한다면 모두 손자뻘에 해당될 뿐'이며, 산해관을 보지 않고는 중국의 제도를 전혀 알 수 없다고도 했어. 청나라의 첫 수도 심양보다 더 화려하고 번화하며 세련되었다고 한 산해관성의 대표적인 문이 바로 천하제일관인 거야.

명나라가 망한 지 100여 년이 훌쩍 넘은 때까지도 존명배청尊明排清을 고수했던 나라 조선, 당시의 평균적인 사대부보다 청나라에 대한 인식이 남달랐던 연암이지만 그 또한 조선의 선비였기에 명나라가 결정적 타격을 받은 산해관을 지나며 소회가 없을 수 없었겠지.

> 몽염이 만리장성을 쌓아서 오랑캐胡를 막는다고 했으나, 정작 진나라를 멸망시킨 오랑캐는 시황의 아들인 호해胡亥이니 집 안에 오랑캐를 키운 꼴이다. 서달이 산해관을 설치하여 오랑캐인 여진족을

✚ 성 안으로 들어와야 '천하제일관天下第一關' 편액이 보인다.

✚ 성루에 걸린 것은 복제품이고 진품 편액은 성루 안에 전시돼 있다.

막았으나 오삼계가 산해관 관문을 열어 오랑캐를 맞이하기에 급급했다.

– 『일신수필』, 「산해관기」

그러니 명나라의 몰락은 명나라 장수로부터 시작되었고 이와 비슷한 상황이 진나라 때도 있었어. 채만식이 자신의 소설 『태평천하』에서 '망진자亡秦者 호야胡也니라'라며 언급한 것이 바로 그 이야기야.

산해관에 도착하기 전 연암은 이렇게도 말한 적이 있어. '청태종이 산해관 밖의 이자성이었다면 이자성은 산해관 안의 청태종이었으니, 명나라가 비록 망하려고 하지 않은들 가능했겠는가?' 여기서 연암은 약간의 착오를 범하지. 산해관에서 이자성과 맞붙은 청나라의 총사령관은 청태종이 아니라 당시 여섯 살의 황제이자 조카인 순치제를 대신해 섭정을 하던 예친왕睿親王이야. 또한 이자성은 명나라 말기 농민반란군을 이끈 사람인데 그를 청나라 황제에 비유하다니? 조금 자세하게 연암이 탄식한 배경을 살펴보자.

연암 연행 130여 년 전인 1644년, 산해관은 명나라와 청나라의 운명을 가르는 중심에 서게 돼. 서쪽 북경에서 동쪽 산해관으로 진격해 온 명나라의 농민반란군 수장 이자성, 동북쪽에서 서쪽으로 밀고 오는 청의 섭정왕 도르곤, 그리고 그 관내와 관외의 경계인 산해관성을 지키는 명나라 20만 정예군과 오삼계. 명나라를 부정

하는 반란군과 명나라를 대신하려는 청나라 사이에서 오삼계는 일종의 왕조 교체의 '캐스팅보트Casting Vote' 역할을 하게 된 거지.

야사에 따르면 애초 이자성에게 귀순할 생각이었던 오삼계는 북경에 있는 자신의 애첩이 이자성의 부장에게 끌려갔다는 소식을 듣고 산해관성의 문을 열어 청나라 군대를 맞았다고 해. 결국 이자성 농민반란군은 청나라와 명나라의 연합군에 계속 밀리고 이자성은 북경 자금성에서 급히 황제 즉위식을 올린 다음 날 성을 버리고 퇴각하지. 청나라 군대는 북경에 무혈입성하고, 바야흐로 청이 명을 대신해 북경을 차지하며 대제국으로 발돋움하는 순간이야.

번화한 산해관성 거리만큼이나 마음이 복잡했을 연암은 구경은 고사하고 황급히 성을 통과해야만 했어. 동문인 천하제일관을 통과한 연암 일행은 성의 정중앙 네거리에 있는 종고루를 지나쳐 서문으로 빠져나가지. 그런데 인파에 정신이 없어서 그랬을까, 천하의 연암이 두 가지 실수를 해.

✚ 사진 중앙에 솟은 것이 종고루이고 그 뒤로 보이는 것이 '상애부상祥靄榑桑' 편액이 걸린 영은루다.

> 네거리에 성을 만들고, 사면에는 무지개 문을 달았다. 위에는 처마 셋으로 된 누각이 있고, 편액에는 '상서로움이 해 뜨는 곳까지 피어오른다'는 뜻의 상애부상祥靄榑桑이라는 글귀를 걸었는데, 옹정 황제의 어필이다.
>
> ―『관내정사』,「산해관기」

연암의 묘사대로라면 네거리에 있는 그 성에는 '상애부상' 편액이 걸려 있어야 해. 그러나 산해관성 네거리에 있는 것은 종고루鐘鼓樓

이고, '상애부상' 편액이 걸린 것은 서쪽 문의 성루인 영은루迎恩樓로 두 곳은 별개의 건축물이야. 또 편액의 글씨를 쓴 이는 옹정제가 아니라 그의 아들인 건륭제지. 집 떠난 지 벌써 두 달, 큰 탈 없이 관내로 들어섰으니 앞으로의 일정도 상서로움이 가득하기를 이 편액에 기원하느라 바빠 연암이 실수를 했는지도 몰라.

✚ 산해관성 서문의 성루인 영은루

✚ 연암의 기록과 달리 '건륭9년어서乾隆九年御書'라고 쓰여 있다.

『열하일기』에서 찾기

– 『일신수필』, 「23일 기해」
– 『일신수필』, 「산해관기」

답사지 찾기

– 산해관성山海關城[山海关城, 산하이관청]
산해관성이 위치한 진황도秦皇島[秦皇岛, 친황다오]시는 북경에서 동쪽으로 약 300km 떨어져 있으며 고속철로 연결돼 있다. 현재 산해관성은 이곳의 대표적인 관광 명소로 '천하제일관경구天下第一關景區[天下第一关景区, 톈샤디이관징취]'라고 한다.
– 천하제일관天下第一關[天下第一关, 톈샤디이관]
산해관성의 동문인 이곳은 산해관성의 동쪽이나 남쪽 출입구 어디로 입장하더라도 볼 수 있다.
– 영은루迎恩樓[迎恩楼, 잉언러우]
산해관성 서문의 성루인 이곳은 천하제일관을 통과해 계속 서쪽으로 진행하면 답사할 수 있으며, 가는 도중에 성의 정중앙에 위치한 종고루도 볼 수 있다.

답사 포인트

– 천하제일관을 통과하며 거대한 성벽 두께 확인하기!
– 천하제일관에 올라 연암이 말한 동라성과 세 개의 관문 확인하기!
– 천하제일관 성루 내부에 보관된 편액 진품 확인하기!
– 산해관성 정중앙에 위치한 종고루에 올라 성내의 동서남북을 확인하기!
– 서문의 성루인 영은루의 '상애부상祥靄榑桑' 편액 확인하기!

연 · 행 · 부 · 록

노룡두 · 각산장성

연암이 산해관山海關의 각山과 발海를 못 보았다고?

현재 산해관성이 위치한 진황도秦皇島시에서 여행객들이 가장 많이 찾는 곳은 노룡두老龍頭라는 곳이야. 중국 북서부 가욕관에서 달려온 만리장성은 이곳 노룡두에서 발해로 뛰어들고 곧 멈추지. '그레이트 월Great Wall'이라는 이름에 걸맞게 장장 6,000km야. 바다로 이어진 그 성벽의 끝자락이 마치 머리를 바다에 담근 용의 모습과 같다 하여 노룡두라는 이름이 붙었어.

이곳은 장성의 끝이라는 상징적 의미와 빼어난 풍광 때문에 조선 사신들도 많이 찾아왔던 것 같아. 추사는 한양으로 돌아가는 길에 이곳에 들러 공간의 상대성을 절묘하게 표현하고 고향에 대한 그리움도 노래해. '기막혀라, 우리 서해가 / 여기 와선 동쪽 바다가 되었구나 (……) 바다 끝이 바로 우리 고향이니 / 바지만 걷으면 곧 건너갈 것 같네'

그러나 연암은 바쁜 일정 때문에 노룡두에 가지는 못했어. 다만 「산

해관기」라는 글에서 이곳을 '장성을 따라서 15리를 가서 남쪽으로 바다로 들어가는데 쇠를 녹여 터를 만들고 거기에 성을 쌓았다. 위로 처마가 셋인 큰 누각을 두어 망해정望海亭이라 했으니, 모두 서달이 건축한 것이다'라고만 기록했지.

이곳은 영해성寧海城이라는 성의 일부로, 만리장성 최동단 첫 번째 군사 방어시설이기도 해. 연암은 바다로 뻗은 성벽의 끝에 선 누각을 '망해정'이라 기록했어. 이곳을 그린 숭실대 소장 〈연행도〉에도 같은 제목이 붙어 있고. 하지만 현재 이곳에는 명나라 대학사 손승종의 '웅금만리雄襟萬里', 건륭제 친필의 '징해루澄海樓' 편액만이 걸려 있어.

연암이 압록강을 건너는 이야기를 할 때 자세히 살폈지만, 최근 중국 정부는 만리장성의 동쪽 끝이 압록강가의 호산장성이라고 발표했어. 그런데 이곳 노룡두에는 '이이제이以夷制夷'라고나 할까, 중국 자료로 중국의 역사 왜곡을 비판할 수 있는 근거가 있어.

노룡두는 중요한 군사 시설이었기에 적의 침입을 알리는 장치가 있었어. 바로 만리장성 제1호 봉수대인 정로대靖鹵臺야. 그런데 이곳에 '정로대는 만리장성 적루의 시작이다(鹵臺, 實爲萬里長城敵臺之始)'라

는 내용의 글이 새겨져 있는 거야. 약 6,000km에 달하는 만리장성을 2,550km나 더 늘리려는 중국 정부는 이 문구를 보고 뭐라고 할지 궁금해.

후손들이 이러한 역사 왜곡에 분노하고 안타까워할 것을 미리 짐작하셨을까. 담헌 홍대용은 호쾌한 기상으로 고조선과 고구려를 예찬하며 이곳 노룡두도 노래하지. '간밤에 꿈을 꾸니 요동 들판을 날아 건너 / 산해관 잠긴 문을 한 손으로 밀치도다 / 망해정 제일층에 취후에 높이 앉아 / 갈석산을 발로 박차 발해를 마시리라.'

✚ 노룡두 안내도

연암이 산해관성을 지나며 가보지 못한 곳이 바다를 접한 노룡두만은 아니야. 산해관성의 동쪽 성벽이 북쪽의 가파른 산자락으로 이어져 생긴 각산장성 또한 멀리서만 보고 직접 오르지는 못했어. 연암처럼 구경하기 좋아하는 이가 남쪽 바다 노룡두와 북쪽 산의 장성을 그냥 지나쳐야 했으니, 연암의 안타까움에 혀 차는 소리가 지금도 들리는 듯해.

〈연행도〉 중 〈만리장성〉이라는 제목의 그림도 바로 이곳을 그린 것으로 추정돼. 열하를 찾은 딱 두 번의 사행단을 제외하곤, 연행 노정에서 조선 사신들이 볼 수 있는 유일한 장성은 이곳 각산장성뿐이기 때문이야. 깎아지르듯 솟은 각산의 실제 모습과 〈만리장성〉에 묘사된 산의 형태도 비슷하고.

연암은 못 갔지만 추사 김정희는 이곳에도 올랐어. 그리고 '각산 절정에 올라 동쪽으로 창해를 바라보고, 북쪽으로 몽고의 경계를 굽어보고 돌아와 절간의 벽에 쓴다'는 제목만큼이나 긴 시를 쓰지. '나는 듯 오르니 푸른 바다가 얕아 보이고 / 큰 바다가 발밑에 편편하게 깔렸구나. (……) 이 높은 산이 없었다면 / 어떻게 바다를 막아 냈겠는가 / 큰 관문이 그 사이에 자리 잡았으니 / 그 이름이 모두 여기 보이는 대로구나'

각산장성 초입에는 매우 이채로운 동상이 하나 서 있어. 분명 산해관성을 쌓은 서달 장군의 동상일 거라 짐작했는데, 그게 아니었어. 놀랍게도 명나라 말기의 농민반란군 수장 이자성의 동상이야. 앞서 명나라와 청나라 연합군에 쫓겼다던 바로 그 사람 말이야. 안내판에는 '명나라 말기 농민봉기 지도자(明末农民起义领袖)'로 그를 소개하고 있어.

✚ 추사가 올랐을 만한 각산장성 정상 부근은 복원되지 않은 채 옛 모습을 간직하고 있다.

이자성에 대한 평가는 판단하는 이의 입장에 따라 다르겠지. 당시 그에 대한 평가가 어떠했는가를 알고 싶다면 참고할 만한 자료가 있어. 명나라를 이은 청나라의 황제, 그중에서도 중국 역사상 가장 위대한 황제로 꼽히는 강희제의 평가는 고려할 만하겠지. 강희제는 유언에 이자성을 '유적流賊', 즉 떠돌아다니며 약탈을 일삼는 무리로 표현하고 있어. 만주족은 침략자가 아니라 명나라의 합법적 계승자라는 생각을

가진 청나라 황제 입장에서는 이자성이야말로 황권에 도전한 반역자였겠지.

그러나 이자성에 대한 현대 중국의 평가는 그렇지 않아. 실체야 어떻든 '인민'이 주인인 나라, 중화인민공화국에서 이자성은 무능하고 부패한 왕조에 저항한 기층 민중의 혁명 지도자인 거야. 동상 안내문은 그가 패배했지만 중국의 역사적 진보에 큰 역할을 했다는 평가로 마무리되고 있어. 다만 그를 기리는 동상을, 결정적 패배를 당한 산해관성 인근 각산에 세운 것은 너무 무신경한 처사가 아닌가 하는 생각이 들었어.

『열하일기』에서 찾기

– 『일신수필』, 「산해관기」

답사지 찾기

– 노룡두老龍頭[老龙头, 라오룽터우]

노룡두는 산해관성에서 남쪽으로 약 4km 떨어진 바닷가에 위치하며, 현재는 노룡두경구老龍頭景區[老龙头景区, 라오룽터우징취]로 조성돼 있다.

– 각산장성角山長城[角山长城, 쟈오산창청]

노룡두에서 계속 북쪽으로 향하면 산해관성을 지나 각산장성에 이르게 된다. 리프트를 타고 올라갈 수도 있지만 수리 중이라 운행하지 않을 때가 많으니 걸어 올라가면서 장성을 직접 밟아 보길 권한다.

답사 포인트

– 노룡두에서 망해정, 현재의 징해루 확인하기!

– 노룡두 정로대에서 '鹵臺, 實爲萬里長城敵臺之始'라는 글귀 확인하기!

– 노룡두가 뛰어 들어간 바다, 발해 바라보기!

– 각산장성에 올라 산해관성과 노룡두 위치 확인하기!

– 각산장성 초입의 이자성 동상 찾아가기!

영정문
여정문
천하제일관
조가패루
북진묘
십랑정
요동 백탑

2부

연암의 북경

북경1 북경성

북경, 연암은 봤지만 우리는 볼 수 없는 것은?

1780년 음력 8월 1일, 드디어 연암은 북경에 도착해. 압록강을 건너 청나라 영토에 들어선 게 6월 24일이니 40여 일의 여정이 일단 끝난 셈이지. 긴 여정과 달리 북경에 도착한 후 연암의 감격은 단정해. '이 글을 쓴 이는 누구인가? 조선에서 온 박지원이다. 쓴 때는 언제인가? 건륭 45년(1780) 가을 8월 초하루이다.'

수평으로 드넓게 뻗은 활주로를 통해 북경과 첫 대면을 하는 우리와 달리 연암이 북경에서 가장 먼저 마주한 건 무얼까? 수직으로 치솟은 거대한 성벽이야. 연암은 조양'문'을 통과해 북경'성'에 들어갔던 거야. 그럼 북경은 성곽도시였던가? 맞아. 연암 연행 당시 북경은 세 겹의 견고한 성벽으로 둘러싸여 있었어. 초고층 빌딩이 즐비한 '메트로폴리스Metropolis' 북경이 성이었다는 사실을 기억하는

✚ 1906년 북경 동쪽 성벽을 찍은 사진으로, 연암 또한 이 성벽을 보았을 것이다.

것이, 연암의 발자취를 좇는 데 매우 중요해.

우리가 연암 당시의 북경을 상상할 때 흔히 범하는 실수는 현재 지리를 중심으로 당시를 추정한다는 점이야. 이때 가장 문제가 되는 게 사라진 성벽과 현존하는 도로지. 다시 설명할 기회가 있겠지만 일단 우리가 북경 여행을 하며 버스나 택시로 지나는 도로의 일부가 과거 성벽이 있던 자리라는 사실을 염두에 두면 연암과 동행하는 데 도움이 돼. 우선 연암의 설명을 들어 보자.

황성皇城의 주위는 40리인데 꼭 바둑판처럼 생겼다. (……) 성 안에는 자금성紫禁城이 있어 주위는 17리인데 붉은 단장에 누런 유리기와를 덮었다. (……) 자금성 안에는 다시 궁성宮城이 있다.

— 『황도기략』, 「황성구문」

연암은 당시 북경을 세 구역으로 나누어 설명하고 있어. 가장 바깥쪽이 '황성'이고, 그 안쪽이 '자금성', 그리고 가장 안쪽 영역은 '궁성'이야. 혼동을 줄이기 위해 미리 말하자면, 우리가 현재 알고 있는 자금성은 연암이 말한 '자금성'이 아니라 '궁성'이야. 아래 북경 지도를 보면서 연암이 보고 기록했던 당시 북경성을 재구성해 보자.

연암이 '황성皇城'이라 지칭한 곳은 지도의 위쪽 네모인 내성內城 구역이다. 그 아래쪽으로 붙은 네모는 따로 외성外城이라 기록하고

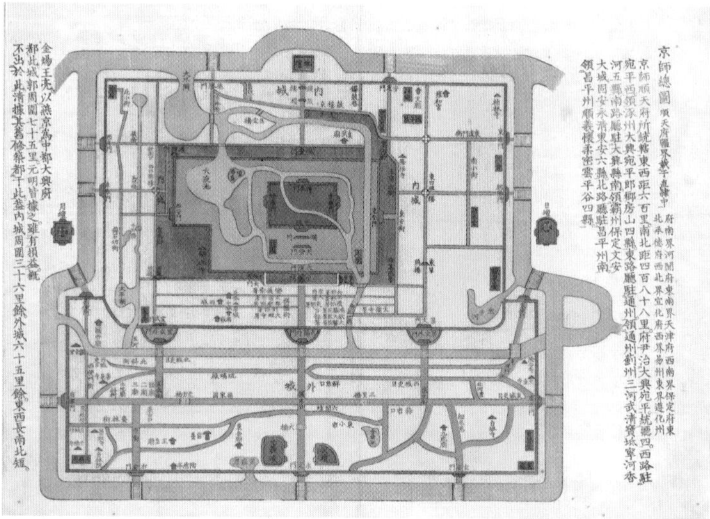

✚ 〈경사총도京師總圖〉라는 북경 지도로 연암 연행 당시 북경성의 구조를 짐작할 수 있다.

있어. 그런데 이곳은 그 이름과 달리 내성의 남쪽에만 조성되어 있지. 명나라 초기 몽골의 잦은 침입에 대비해 내성 전체를 에워싸는 성을 쌓으려 했는데 여러 이유로 남쪽만 축성했고 급히 내성과 연결해 버려 이런 모습이 되었다고 해.

✚ 북경 내성 성벽은 현재 '명 성벽 유적공원'에 그 일부만이 남아 있다.

그럼 연암이 '자금성'이라 부른 곳은 어딜까? 앞서 이야기했던 것처럼 『열하일기』의 '자금성'은 우리가 알고 있는 세계 최대의 궁전 자금성이 아니라는 점이야. 〈경사총도〉에서 내성 안에 왼쪽 하단이 꺾여 들어간 직사각형 영역이 바로 연암이 말한 자금성이야. 현재 연암 당시의 자금성 관련 유적은 북경에 거의 남아 있지 않아. 최근 북경의 핫플레이스로 떠오르고 있는 '남라고항南鑼鼓香' 근처의 '황성근유지공원皇城根遺址公園'이라는 곳에 당시의 성벽이 10여 미터 남아 있을 뿐이지.

마지막으로 설명할 공간은 앞서 설명한 두 겹의 성벽과는 달리 거의 완벽하게 보존되어 있고 또 지금도 전 세계 사람들에게 깊은 인상을 주고 있는 '궁성宮城'이야. 우리가 흔히 자금성이라고 부르는 바로 그곳이지. 한 가지 덧붙이자면 대부분의 여행객들은 천안문天安門을 자금성의 정문으로 알고 있는데, 천안문은 연암 당시 '자금성'의 남쪽 문이야. 현재 우리가 자금성이라고 부르는 곳의 정문은 오문午門이란다.

✚ 연암 연행 당시 '자금성'의 남문 천안문이다.

✚ 현재 우리가 자금성이라고 부르는 궁궐의 정문 오문이다.

북경이 성곽도시였다면 반드시 있어야 할 게 무얼까? 맞아, 성문이야. 그래야 들고날 수 있으니까. 북경 내성에는 총 9개의 성문이 있었어. 현재는 거의 사라지고 남쪽 가운데 문인 정양문과 북쪽 서편 문인 덕승문德勝門의 일부만 남아 있지. 그런데 성문의 이름은 거의 완벽하게 살아 있단다. 북경 지하철 2호선은 서울 지하철과 마찬가지로 순환선인데, 9개 성문 중 8개의 성문 이름이 지하철역 이름으로 고스란히 이어지고 있어.

성벽을 무너뜨리고 만든 일부 평지에 제일 먼저 놓인 건 철로였어. 그러다 도로로 모두 바뀌었고 최근에는 그 도로 밑을 파 지하철을 만든 거지. 물론 북경 지하철 노선 모두가 그런 건 아니고 2호선 노선이 북경 내성 성벽이 있던 자리와 정확히 일치해. 땅 위로 솟았던 성벽은 사라지고 땅 밑으로 지하철이 다니는 시간의 간극을 우리는 연암을 통해 메꿔 나갈 거야.

그런데 앞서 보았던 북경성 사진을 보면 성벽 앞으로 물길이 보이지. 그건 강이 아니라 해자垓子라고 하는, 성벽을 보호하기 위한 장치야. 그러니까 북경 성벽을 부수고 해자를 메꾸어 철로를 놓고 도로를 만든 거지. 북경 내성 해자를 볼 수 없다고 아쉬워할 건 없어. 다소 규모가 작아 폭이 50m밖에 되진 않지만 자금성을 두르고 있는 해자는 지금도 얼마든지 볼 수 있으니까 말이야.

이제 마지막으로 연암이 북경에 머무는 동안 숱하게 들고났을 성문의 구조를 살펴보자. 연암은 조양문朝陽門을 통과하면서 흙먼지

✚ 북경성에서 가장 규모가 작았을 자금성 해자의 모습이다.

가 많이 일어 사람들이 수레에 물통을 싣고 다니며 물을 뿌리는 장면만을 간략히 스케치해. 그런데 연암보다 십여 년 앞서 북경에 왔던 연암의 벗 담헌 홍대용은 1765년 음력 12월 27일 일기에 조양문을 자세히 묘사했어.

> 조양문의 제도는 세 층이요, 청기와로 이었고 앞으로 옹성을 둘렀다. 그 안은 둥글고 사면이 100여 보요, 성문을 대하여 적루를 지었

는데, 높이는 거의 성문과 다름이 없었다. 적루를 이어서 벽돌을 쌓아 올리고 층층이 작은 문을 내어 문짝을 막고 구멍을 내었으니, 활 쏘고 총을 놓아 도적을 막기 위함이다.

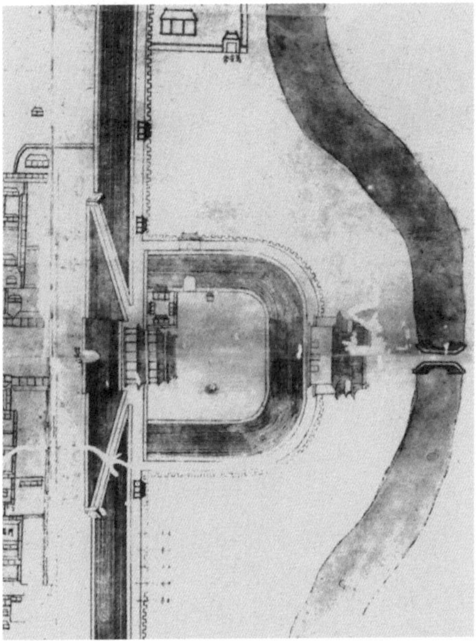

✚ 18세기 중반에 제작된 〈건륭경성전도〉에 보이는 조양문의 모습이다.

담헌의 기록과 함께 청나라 건륭제의 명령으로 1753년에 제작된 〈건륭경성전도〉도 참고하자. 상하로 길게 뻗은 성벽이 보이지. 이건 북경 내성의 동쪽 성벽이야. 그리고 그 중앙에 누각이 있는데 이를 성루城樓라고 해. 그리고 그 앞쪽으로 성루와 성문을 보호하기 위해 'ㄷ' 모양의 성을 한 겹 더 쌓았는데 이게 옹성甕城이지. 옹성의 동쪽 성벽에는 화살과 총포를 쏠 수 있는 적루敵樓 혹은 전루箭樓가 설치되어 있어. 그리고 그 앞쪽으로 짙게 표시된 것이 해자야. 어때, 앞서 인용한 담헌의 기록과 정확히 일치하지.

그러니까 연암 당시 북경의 성문은 매우 정교한 구조를 갖추고 있었어. 옹성을 쌓아 성문을 한 겹 보호하고 전루를 세워 침입하려는 적에게 맹공을 퍼부을 수 있었지. 다시 그 앞에는 거대한 물길을 조성해 아예 접근 자체를 어렵게 했고. 그러나 전쟁 때가 아닌 평소에는 사람들이 통행할 수 있어야 하니까 다리를 놓았던 거야.

조금 복잡하고 어렵지. 하지만 230여 년 전으로 거슬러 올라가는 시간 여행이 쉬울 수만은 없겠지. 현재 우리가 북경을 여행할 때 연암이 보았던 것을 똑같이 볼 수 있는 것도 많지만 사라졌거나 변한 것도 적지 않아. 그렇다고 속상해할 필요는 없어. 반대로 연암은 감히 들어갈 수 없었지만 우리는 입장료만 내면 당당히 입장할 수 있는 곳도 많으니까.

『열하일기』에서 찾기

– 『관내정사』, 「8월 1일 정미」
– 『황도기략』, 「황성구문」

답사지 찾기

– 정양문正陽門[正阳门, 정양먼]
  연암 연행 당시 북경 성문 구조를 그나마 유지하고 있는 곳으로, 북경 지하철 2호선 전문前門[前门, 첸먼]역에서 하차하면 된다.
– 덕승문德勝門[德胜门, 더성먼]
  북경 지하철 2호선 적수담積水潭[积水潭, 지수이탄]역에 하차해 동쪽으로 조금 이동하면 덕승문의 전루를 볼 수 있다.
– 북경시규획전람관北京市規劃展覽館[北京市规划展览馆, 베이징스구이화잔란관]
  연암 연행 당시 북경성의 구조를 한눈에 살필 수 있는 전시관으로, 북경 지하철 2호선 전문역 동측에 위치한다.
  http://www.bjghzl.com.cn
– 명성장유지공원明城牆遺址公園[明城墙遗址公园, 밍청창이즈궁위안]
  연암이 북경에서 처음으로 마주했을 성벽 일부를 볼 수 있는 곳으로, 북경 지하철 2, 5호선 숭문문崇文門[崇文门, 충원먼]역 동측에 위치한다.

답사 포인트

- 정양문에서 성루와 전루의 위치 확인하기!
- 북경시규획전람관北京市規劃展覽館 축소 모형을 통해 북경 내성과 외성 확인하기!
- 북경성 축소 모형을 통해 황성–자금성–궁성 확인하기!
- 명성장유지공원明城牆遺址公園에서 북경 내성 성벽 규모 확인하기!

북경2 조선사신관

연암의 북경 베이스캠프를 찾아라!

연암은 북경에 대략 한 달 정도 체류했단다. 북경에 도착한 지 닷새 후 황제의 명령으로 열하를 갔다 온 후에도 적잖은 시간을 북경에 머문 거지. 그럼 연암과 사신 일행은 어디에 묵었을까? 개인 여행자가 아니었기에 오늘날 호텔 같은 숙소에 머무르지는 않았을 것이고, 현재의 외교관처럼 북경에 상주한 게 아니니 나라에서 마련한 공관도 없었을 것 같은데 말이야. 이번에는 연암의 북경 베이스캠프를 찾아 떠나자.

연암이 북경에 입성했던 1780년 음력 8월 1일 기록을 따라가 보자. 연암 일행이 성안으로 들어가기 전 잠시 들린 곳이 있어. 정양문 밖의 동악묘東岳廟야. '건물의 웅장하고 화려함은 여태까지 보던 중 처음이다'라고 감탄했던 곳이지. 한여름에 말을 타고 두 달

✚ 한여름에 이곳에 도착한 연암과 달리 드물게 눈이 내린 한겨울에 동악묘를 답사했다.

가량 여행했으니 모두들 입성이 말이 아니었을 거야. 더군다나 외국 사절단인 연암 일행은 수도인 북경성에 들어가기 전 반드시 관복으로 갈아입어야 했어. 조선 사신 일행이 전통적으로 옷을 갈아입고 북경성 입성을 준비했던 곳이 바로 동악묘야.

동악묘는 북경에서도 중요한 도교 사원이야. 중국인들은 예로부터 중국 내 명산 다섯을 정해 그 산신에게 제사를 지냈지. 동서남북 그리고 중앙에 위치한 산을 오악五嶽이라고 하는데, 동쪽의 태산泰山은 오악 중에서도 가장 중요한 산이야. 우리가 잘 알고 있는 시조 '태산이 높다 하되 하늘 아래 뫼이로다'의 바로 그 산이지. 동악묘는 바로 그 태산의 산신에게 제사 지내는 사원이야.

의관을 정제한 연암 일행은 큰길을 따라 계속 서쪽으로 걸어 북경성 동쪽에 있는 두 개의 문 중 아래쪽에 위치한 조양문을 통과해. 현재 조양문의 흔적은 원형 로터리에 설치된 '조양문朝陽門'이라는 붉은 글자밖에는 없어. 다만 한 가지 우연은 있어. 조선시대 가장 중요한 외교 행사인 연행의 종착지였던 이곳에 중화인민공화국 외교부 건물이 위치해. 마치 과거 청과 조선의 교류를 기억하고 앞으로도 이어 가겠다는 듯이 말이야.

조양문을 통과한 후 연암은 공식 사신과 달리 자신은 바로 숙소로 갔다고 기록하고 있어. 잠시 후 자세히 설명하겠지만 이때 연암이 찾아갔던 조선사신관은 서관西館이야. 그런데 당시 조선 사신이 주로 묵던 곳은 북경성의 정문이자 남쪽 문인 정양문 인근에 있었던 남관이었어. 연암 일행이 북경에 도착하기 전 남관이 화재로 소실되었는데 복구가 되지 않았기에 서관으로 향한 거지.

연암은 또 원래 조선사신관은 옥하관玉河館이었다는 이야기를 곁들여. 그런데 이곳이 '코쟁이에 족제비처럼 생긴' 악라사鄂羅斯, 즉 러시아인 차지가 되어 조선사신관은 정양문 근처로 옮겨졌다는 거야. 연암은 잘 몰랐겠지만 우리는 세계사 시간에 배워 알고 있

✚ 숭실대학교 한국기독교박물관 소장 〈연행도〉 중 〈조양문〉이다.

지. 청나라와 러시아는 1689년과 1727년에 각각 네르친스크 조약과 캬흐타 조약을 맺었다는 사실을 말이야. 캬흐타 조약 내용에 따라 옥하관은 러시아 정교회에 주어지게 돼.

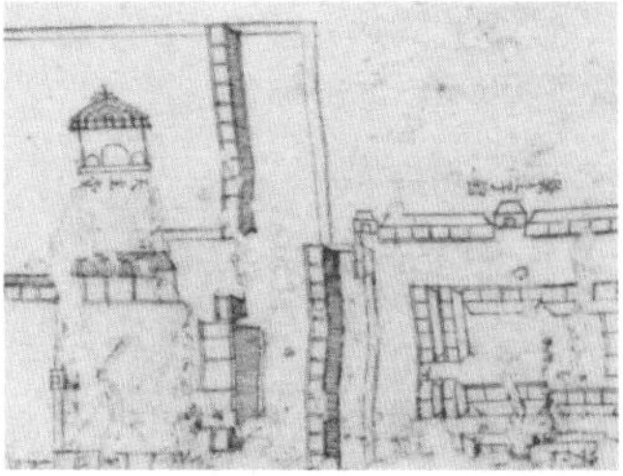

✚ 러시아 정교회 자리

조금 전문적인 내용이긴 하지만 이 사실을 고증해 볼까. 연암이 북경에 갔을 때 청나라의 황제는 건륭제야. 연암의 북경행이 곧 건륭제의 일흔 번째 생일을 축하하기 위한 것이었지. 건륭제는 당시 청나라에 와 있던 서양 선교사를 통해 매우 정확한 북경의 지리 정보를 담은 지도를 제작하는데 이를 〈건륭경성전도〉라고 하지. 이 지도는 연암이 북경에 오기 30년 전에 이미 제작되었어.

이 지도를 보면 옥하관이 있던 자리는 '소달자관騷達子館'으로 기록돼 있어. 연암 또한 『열하일기』에서 러시아인을 '대비달자大鼻達子'라고 불렀으니 이곳이 1700년대 초반에 러시아 정교회로 넘어간 장소임을 확인할 수 있지. 그리고 '천주당天主堂'이라고 쓰인 건물을 보면, 일반적인 가톨릭 성당과는 그 모양이 다른 것을 확인할 수 있어.

그럼 옥하관-남관-서관의 위치는 어디일까? 오래된 순서부터 찾아볼까. 『열하일기』에서 연암은 옥하관이 옥하교玉河橋가에 있었다고 기록하고 있어. 다리를 찾기 전에 먼저 '옥하玉河'를 찾는 게 순서겠지. 그런데 현재 북경에는 옥하가 없어. 복개되면서 도로가 되

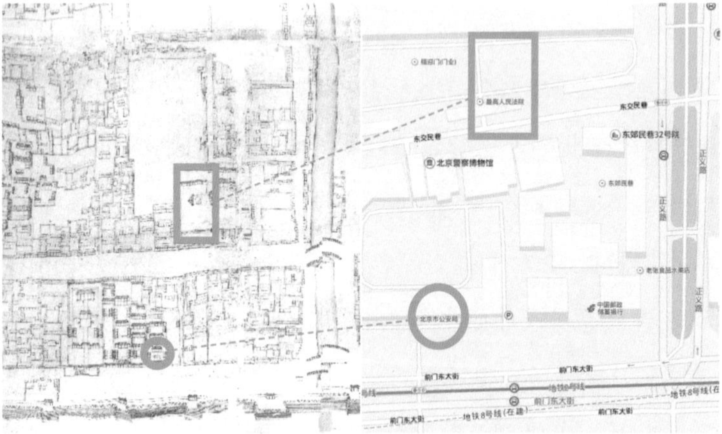

✚ 네모가 옥하관, 동그라미가 남관의 위치다. 오른쪽으로 옥하를 복개해 만든 '정의로正義路'가 보인다.

었고, 이름도 '정의로正義路'로 바뀌었기 때문이야. 현재의 최고인민법원 자리가 당시의 옥하관 위치야. 그리고 남쪽으로 몇백 미터 떨어진 북경시공안국이 남관의 옛터란다.

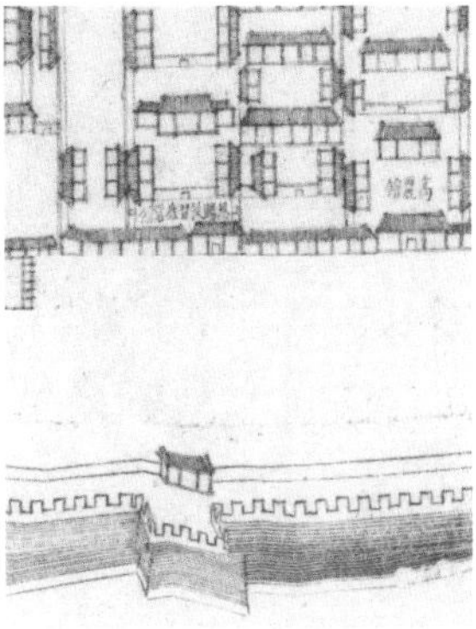

✚ 흔히 남관으로 불렸던 곳이 <건륭경성전도>에는 '고려관高麗館'으로 기록되어 있다.

이제 연암의 숙소였던 서관만 찾으면 되겠다. 연암은 8월 1일 서관에 들고 8월 2일에는 비가 와 밖으로 나가지 못하다가 8월 3일에야 숙소에서 가까운 '유리창琉璃廠'을 구경해. '아침 해가 뜬 후에 비로소 서관의 문을 연다. 이내 창대와 장복, 두 하인을 데리고 서관을 나와 걸어서 첨운패루瞻雲牌樓에 이르렀다.' 여기에서 서관의 위치를 짐작할 수 있는 지명이 하나 나왔어.

패루는 특별한 기념물이나 사원 또는 거리의 경계 등에 장식용으로 세웠던 건축물이야. 북경에는 네 곳의 패루가 유명했다는데 그중 서단西單에 있던 패루가 첨운패루야. 그런데 이것만으론 정보가 부족해. 마침 연암은 북경을 여행하며 쓴 글을 모은 『황도기략』, 그중 「서관」이라는 글에서 서관은 백묘호동白廟胡同 왼쪽에 있다는 중요한 단서를 남기지.

'첨운패루'와 '백묘호동' 두 지명을 통해 서관의 위치를 고증할 수 있단다. 하지만 복잡한 과정은 생략하기로 하자. 현재 이곳에는 과거의 흔적은 사라지고 중행총행中行總行, 즉 중국은행 본사 건물이 들어서 있어. 앞으로 자주 겪을 일이지만 우리에겐 소중한 역사적 자취가 중국인에겐 그렇지 않아 흔적도 없이 사라진 경우가 허다하거든. 다른 나라에서 우리 역사 찾기가 쉽지만은 않겠지.

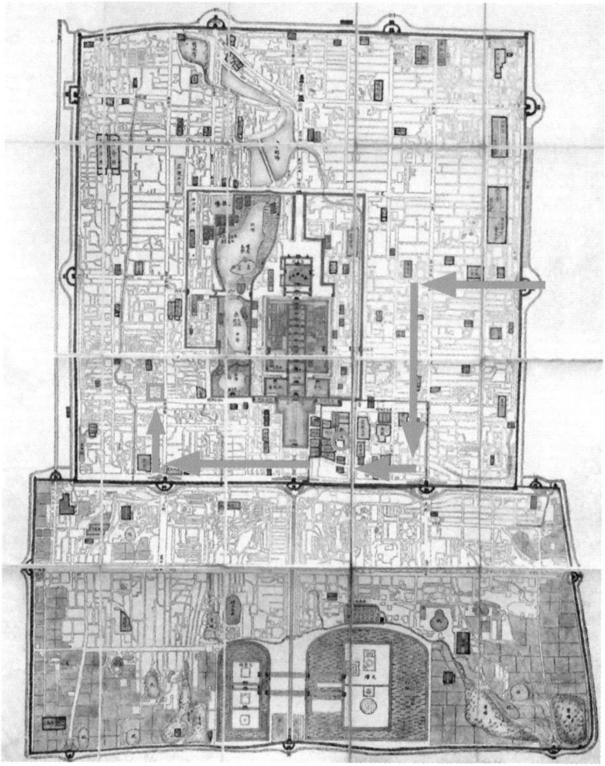

✚ 연암이 묵었던 서관을 찾아가는 동선으로 화살표가 시작하는 곳이 조양문이고, 동그라미가 남관, 네모가 서관의 대략적인 위치다.

★ 답사를 위한 마침표 ★

『열하일기』에서 찾기

– 『관내정사』, 「8월 1일 정미」
– 『알성퇴술』, 「조선관」
– 『황도기략』, 「서관」

답사지 찾기

– 최고인민법원最高人民法院[쭈이고런민파위안]
옥하관이 있던 자리에는 현재 최고인민법원이 들어서 있어 접근과 촬영이 용이하지 못하다. 북경 지하철 2호선 전문前門[前门, 첸먼]역 동북쪽에 위치한다.
– 북경시공안국北京市公安局[베이징스궁안쥐]
이곳이 연암 연행 당시 남관이 있던 자리로 옥하관 터와 마찬가지로 북경 지하철 2호선 전문역 동쪽에 위치한다.

답사 포인트

– 옥하관과 남관이 있던 자리 확인하기!
– 옥하가 복개돼 새로 만들어진 도로 정의로正義路[正义路, 정이루] 확인하기!
– 남관이 북경성 남쪽 성곽 가까이에 붙어 있었음을 확인하기!

북경3 자금성

연암은 자금성을 반만 보았다?

중국 가이드들은 북경에 온 한국 관광객들을 '한륜韓輪'이라고 말한다고 해. '바퀴 구르듯 대충 구경하는 한국인'이라는 뜻이야. 정문인 오문에서 북문인 신무문神武門까지 그냥 걷는 데도 40분이 넘게 걸리는 자금성을 한 시간 내에 '구경'하기 때문이야. 연암의 자취를 좇는 우리들은 그럴 수 없지. 『열하일기』를 들고 세계 최대 궁전을 꼼꼼히 살펴보자.

우선 '자금성紫禁城'이라는 이름에 대해 알아볼까. 오랜 옛날부터 중국인들은 하느님이 북극성에 위치한 자미궁紫微宮에 산다고 믿었어. 그래서 천제를 대신해 지상을 다스리는 황제의 궁도 '자궁紫宮'이라 불렀지. 여기에 일반인의 출입을 허용치 않는다는 '금지禁地'가 합쳐지고 이 말이 다시 줄어 '자금성紫禁城'이 된 거야. 그럼 자금

✚ 자금성의 북문인 신무문에 '고궁박물원故宮博物院'이라고 쓰인 돌 편액이 걸려 있다.

성의 영어 표기인 'Forbidden City'는 '금지'의 의미만을 나타낼 뿐이니 정확한 번역은 아닌 것 같네.

그런데 중국 사람들은 이곳을 흔히 '고궁故宮'이라 불러. 하지만 이것도 정확한 건 아니야. 자금성의 공식 명칭은 '고궁박물원故宮博物院'이기 때문이지. 명과 청 황제의 독점적 공간으로 사용된 이곳은 1925년 10월 10일, 신해혁명 기념일에 '고궁박물원'으로 중화민국 '국민'에게 개방돼. 중화인민공화국이 성립된 후인 1961년에 자금성은 가장 먼저 보호해야 할 건축물 1호로 지정되면서 '문화재'로 변모해 지금에 이른단다.

자금성을 방문한 대부분의 여행객들은 천안문 앞에서 기념사진을 찍어. 그러다 보니 천안문을 자금성의 정문으로 생각하는 이들이 많지. 하지만 앞서 설명했듯 자금성의 정문은 오문午門이야. 오문은 거대한 ㄷ 자 모양의 문인데, 그 높이만큼 두께도 만만치 않아. 연암의 묘사를 볼까.

> 오문의 세 무지개문은 그윽하고 깊어서 마치 동굴 안을 가는 것 같고, 여러 사람이 시끄럽게 떠들어 웅장한 메아리가 되어 왁자지껄하는 것이 마치 북소리를 둥둥 울리는 것 같다.
>
> –『황도기략』, 「오문」

학생들과 자금성을 답사할 때 연암의 이 묘사가 떠올라 '아아' 소리를 내보았어. 그랬더니 『열하일기』의 기록처럼 울림이 있더구

✚ 유홍관劉洪寬이 그린 『천구단궐天衢丹闕』의 오문

✚ 동굴 같은 오문을 통과하며 바라본 태화문의 전경이다.

나. 오문 위에는 다섯 개의 누각이 있어 하늘에서 보면 마치 새가 날개를 편 모습과 비슷해 오봉루五鳳樓라고도 불렸어. 그런데 연암은 오문의 다음 문인 태화문을 오봉루로 잘못 기록하고 있단다. 연암도 실수할 때가 있는 거지.

오문을 통과한 연암은 직진하지 않고 오른쪽으로 발길을 돌렸던 것 같아. 태화문 동쪽에 위치한 문연각文淵閣에 대한 기록이 남아 있기에 이런 추정이 가능하지. 문연각은 천자의 책을 소장하는 장서각, 곧 황실의 전용 도서관이야. 연암은 『영락대전』, 『고금도서집성』, 『사고전서』 등 방대한 백과사전을 언급하다가 돌연 엉뚱한 이야기를 해. '옛날 우리나라 소현세자가 구왕을 따라 이 전각에 묵었

✚ 문연각은 도서관으로 사용되었기에 화재를 막고자 물을 상징하는 검정색 기와를 얹고 그 앞에는 연못을 팠다.

다.' 이건 무슨 소릴까?

소현세자가 병자호란 이후 청나라 심양에 끌려가 오래 붙들려 있었다는 이야기는 앞서 했지. 당시 국제 정세를 고려하면 병자호란은 청나라가 명나라를 대신해 중국을 차지하려던 거대 계획의 일부였어. 즉 청나라는 명나라와의 결전에 앞서 명나라를 '어버이의 나라'로 여기는 조선을 먼저 제압하기 위해 출병했던 거야. 청이 명과 싸울 때 조선이 청의 배후를 치면 큰 타격을 입을 수 있기 때

✚ 중국 최대의 목조 건축 태화전

문이지.

전쟁에 패한 조선은 소현세자와 봉림대군을 포함한 수십만 명의 백성을 볼모와 포로로 청나라에 넘겨주어야 했어. 심양에서 8년간 억류당했던 소현세자는 청 군대에 속해 명과 청 교체의 역사적 현장에 함께하게 돼. 역시 앞서 이야기했던 대로 영원성, 산해관 등에서의 군사적 충돌을 목격했던 거야. 청나라 군대가 북경에 입성하고 자금성을 차지했을 때 소현세자가 잠시 머문 거처가 바로 문연각이야.

이제 연암 자금성 답사의 하이라이트, 태화전太和殿 앞에 서보자. 8m 높이의 3층 기단 위에 약 27m의 거대한 목조건물이 솟았으니 기가 질릴 만도 한데 연암은 애써 담담하게 주변을 묘사할 뿐이야. '축대 위에는 쇠로 만든 학을 세워 훨훨 날아가는 것만 같았다.' 그 옆에 있는 청동 거북은 굼떠 보였던가, 아무튼 언급하지 않았어. 장수를 상징하는 동물 형상이 만주족 황제의 집무 공간에 서 있는 게

아니꼬웠던 걸까.

✚ 태화전의 동쪽 처마로 열 번째 문수는 태화전에만 있는 '행십行什'이다.

연암이 지나쳤던 것 중 하나만 더 살펴보자. 중국과 우리나라 전통 건물의 지붕 처마에 일렬로 늘어선 동물을 문수吻獸 혹은 잡상雜像이라고 해. 우리나라 전통 건물에는 정연한 원칙이 없지만 자금성 내 건물에는 엄격한 수로 얹혀 있지. 문수는 반드시 홀수로 배치하는데 오로지 태화전에만 10개가 있단다. 처마 맨 끝에 있는 '선인기봉仙人騎鳳'은 개수에 포함시키지 않는다는 점에 유의하며 잡상의 개수를 세어 보는 것도 재미있겠지.

태화전 뒤로 중화전中和殿과 보화전保和殿이 연달이 있는데, 이를 연암은 '백옥 난간을 만들어 구불구불 연결하여 태화전에 이르고, 또 한 바퀴를 두르고 나서 중화전에 이르고, 또 보화전에 이르러 아亞자 모양을 이루었다'고 묘사하고 있어. 세 건물이 한 공간에 있다는 사실도 중요하지만 이름에 화평할 화和 자가 들어 있다는 점도 흥미롭지. 여기에는 이유가 있단다.

청나라가 북경을 수도로 삼고 중국 전체를 차지한 후에도 망해버린 명나라를 다시 세우려는 반란이 중국 각지에서 끊이질 않았어. 이에 청 조정은 자금성을 수리하면서 가장 중요한 세 건물의 이름을 화평할 화和 자를 넣어 '태화-중화-보화'로 바꾼단다. 그와 함께 황성의 각 문을 '천안-지안-동안-서안'으로 편안할 안安 자를 넣어 개칭해. 새로운 왕조로서 밖으로 백성의 안녕(편안할 안, 安)을 구하고 안으로 지배층의 화합(화할 화, 和)을 강조한 조처였던 거야.

연암이 자금성에서 접근할 수 있었던 최대치는 여기까지야. 왜냐하면 그 뒤쪽 공간은 황제와 황후의 사적 공간이기에 남성으로는 유일하게 황제만 출입할 수 있었거든. 우리가 흔히 일컫는 궁전宮殿은 황제의 공적 집무 공간인 외전外殿과 황후를 중심으로 한 사적 공간인 내궁內宮을 합친 말이라는 건 앞서 설명했지. 연암은 외

✚ 외전의 마지막 건물 보화전과 내궁의 출입문인 건청문 사이의 길을 횡가橫街라 한다.

전만 구경할 수 있었던 거지.

아마 연암은 이곳까지도 올 수 없었던 것 같아. 왜냐하면 자금성 내 최대의 명물 중 하나인 보화전 뒤편의 '운룡석조雲龍石雕'에 대한 기록이 없기 때문이야. 구경과 기록의 도사인 연암이 보지 못했다면 모를까 보았다면 반드시 기록했을 구경거리지. 길이 16.65m, 무게 250t에 이르는 거대한 대리석에는 반부조로 용과 구름이 조각돼 있어.

이 조각품 앞은 늘 사람들로 붐벼서 조각 전체를 보기가 쉽지 않아. 정 구경하기 어렵다면 안내판을 읽는 것도 나쁘지 않지. 한겨울에 500m 간격으로 우물을 파고 그 물을 바닥에 뿌려 얼린 다음,

만 명이 넘는 사람들과 천여 마리 노새가 28일 동안 밀고 끌어 이 돌덩이를 옮겨 왔다는 내용이야. 쉽게 믿기지 않지만, 그러나 눈앞에 있는 조각품의 크기를 보면 믿지 않을 수도 없는 이야기지. 아마 연암은 이 흥미로운 이야기도 듣지 못했을 거야.

『열하일기』에서 찾기

– 『황도기략』, 「태화전」
– 『황도기략』, 「문연각」
– 『황도기략』, 「오문」

답사지 찾기

– 자금성紫禁城[쯔진청]

자금성을 현대 중국인들은 고궁故宮[구궁]이라 부른다. 북경 지하철 1호선 천안문동天安門東[天安门东, 톈안먼둥]역이나 천안문서天安門西[天安门西, 톈안먼시]역에 하차해 천안문과 단문을 통과하면 자금성의 정문 오문午門이 나온다.

– 오문午門[午门, 우먼]

자금성의 정문인 오문은 최근 단장을 마치고 개방되었다. 이곳을 통과한 뒤 곧바로 왼쪽으로 향하면 성벽 위로 오를 수 있다. 오문에서 자금성의 동문인 동화문까지 성벽 위를 걸어 이동할 수도 있다.

– 문연각文淵閣[文渊阁, 원위안거]

오문을 통과해 오른쪽으로 향하면 협화문協和門이 있고 이곳을 통과하면 문화전과 문연각이 앞뒤로 위치한다. 문화전 내에는 중국 전통 도자기를 전시하고 있고 이 건물의 뒤쪽에 문연각이 있다.

– 태화전太和殿[太和殿, 타이허뎬]

오문을 통과해 직진하면 태화문을 지나게 되고 그럼 곧바로 태화전과 마주하게 된다.

★ 답사를 위한 마침표 ★

답사 포인트

- 오문을 통과하며 연암의 묘사대로 소리의 울림 확인하기!
- 오문에 올라 황제처럼 남쪽을 바라보기!
- 문연각의 지붕 색깔을 다른 전각들과 비교하기!
- 태화전–중화전–보화전 외삼전의 거대한 규모 확인하기!
- 태화전의 처마에 올라앉은 문수 개수 확인하기!
- 보화전 뒤쪽의 운룡석조 확인하기!

북경4 경산공원 · 북해공원

중국에선 호수와 산도 만든다!

북경은 나날이 초고층 빌딩이 솟는 미래 도시를 닮아 가지만 여전히 '노북경老北京[라오베이징]'이라 불리는 곳이 있어. 자금성을 중심으로 한 과거 내성 안쪽 지역이야. 이곳에서 가장 높은 곳이 어딜까? 바로 자금성의 '뒷산'인 경산이야. 그런데 이곳의 높이는 고작

✚ 경산공원에서 본 자금성 전경

46m에 불과해. 더 놀라운 사실은 이곳이 현재 북경에서 가장 높은 국제무역센터(国贸大厦)처럼 사람들이 만들었다는 점이야.

연암 당시의 만수산萬壽山, 지금의 경산공원은 그럼 어떻게 만든 것일까? 바로 옆 태액지太液池라는 호수를 조성하며 나온 흙으로 쌓은 산이야. 태액지는 현재 북해공원이라 불려. 중국의 고사성어 중에 '우공이산愚公移山'이라는 게 있지. 흔히 우직하게 한 가지에 집중해 큰일을 해내는 것을 비유하는 말이야. 그러나 경산공원을 오르고 북해공원을 거닐다 보면 중국에서는 이 말이 비단 비유만은 아닐 수도 있다는 생각이 든단다.

요즘 경산에 오른 여행객들은 앞으로 보이는 자금성 전경을 보느라 정신이 없어. 남북 961m, 동서 743m의 거대한 직사각형을 한

✚ 경산공원에서 본 북해공원

눈에 볼 수 있는 곳은 이곳이 유일하기 때문이지. 그런데 연암은 우리와는 좀 달랐어. 이곳을 설명하는 글 첫머리에 여기가 명의종 열황제가 순국한 곳이라며 알 듯 말 듯 한 말을 하더니, 수황정壽皇亭을 구경하지 못해 슬프다는 탄식으로 글을 마무리해. 이게 무슨 말일까?

『열하일기』의 첫 번째 책은 『도강록』으로 압록강을 건너며 본격적인 연행의 시작을 기록하지. 이 책의 머리말에 '의종 열황제가 나라를 위하여 죽고 명이 망한 지 벌써 130여 년이 경과'했다는 내용이 나와. 명나라 멸망 후에도 조선에서는 청나라 연호를 쓰는 걸 꺼려하며 여전히 명나라의 마지막 황제 의종의 연호인 숭정崇禎을 쓰고 있었던 거지. 연암 또한 이 글 말미에 '숭정 156년 계묘년(1783)'

이라고 적고 있어.

그 의종이 자결했던 곳이 바로 이곳 경산공원 내에 있었던 거야. 연암은 수황정이라는 정자를 순국처라 여기고 찾으려 했지만 현재는 경산 동쪽 등산로 초입에 홰나무 한 그루와 비석 두 개가 순국 장소로 조성돼 있어. 수황정이라는 이름의 정자 또한 복원돼 있긴 하지만 그곳에는 명나라 마지막 황제의 순국과 관련된 어떤 설명도 없지.

이곳을 찾는 대부분의 사람들은 명의종이 목을 매었다는 홰나무가 명이 망한 1644년부터 있었던 것이라 생각해. 하지만 그 나무는 비교적 최근에 이곳을 정비하면서 심은 150년 수령의 가로수일 뿐이야. 또 한 가지 눈치채지 못하나 재미있는 사실이 있어. 홰나무 옆에 있는 '명사종순국처明思宗殉國處'라는 비석의 글씨야. 참고로 명나라 마지막 황제의 묘호는 처음에 사종思宗이었다가 나중에 의종毅宗으로 바뀌었으니 둘은 같은 사람을 지칭하는 말이야.

이곳을 일종의 성역으로 처음 조성한 이는 청나라 황제 건륭제야. 하지만 현재 세워진 비석을 자세히 보면 '중화민국 십구년中華民國十九年', 즉 1931년이라고 표기돼 있어. 이 비석을 세운 기관도 명이나 청 왕조가 아니라 고궁박물원故宮博物院이야. 즉 이곳이 명나라 마지막 황제가 순국하고 그로 인해 명 왕조가 종말을 고한 장소라는 안내를 하기 시작한 건 비교적 최근의 일이라는 말이야.

그 이유를 짐작케 하는 단서가 있어. 비석의 명明 자를 자세히

보면 왼쪽의 일日 자를 목目 자로 쓰고 있어. 일日 자에서 연상되는 일본을 애써 경계하려는 뜻이야. 이 비석을 세운 지 반년 후 일제는 만주사변을 일으켜 본격적으로 중국 침략에 나서지. 아마 이 비석을 세운 당시 중국인들은 이런 마음이었을 거야.

'한족의 나라인 명이 오랑캐 청에게 망한 곳이 바로 이곳이다. 이제 다시 우리 중화민족이 일제의 침략을 받고 있다. 과거 망국을 교훈 삼아 외세의 침략에 당당히 맞서자.'

경산공원을 둘러보고 이곳의 서문을 나서면 북해공원 동문으로 곧바로 이어진단다. 북경에 여행 온 이들에게 북해공원이 필수 관광지는 아니지만 북경 시민에게는 무척 근사한 휴식처지. 연암 또

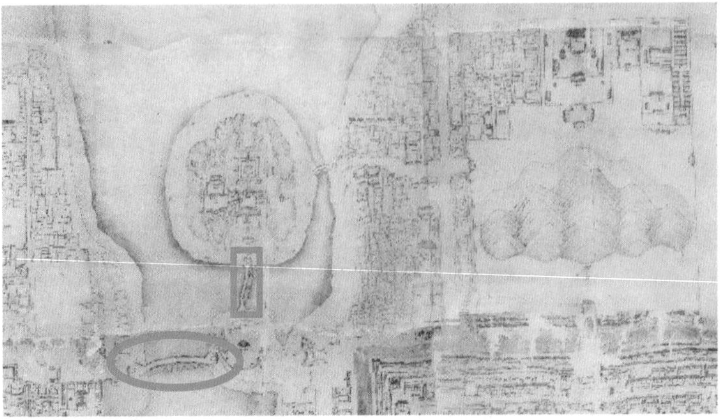

✚ 〈건륭경성전도〉의 태액지 부분으로 네모가 금해교, 동그라미가 금오교다. 오른쪽 산이 바로 만수산, 현재의 경산공원이다.

한 이곳을 둘러보았고 그 아름다운 풍광에 감탄했단다. 특히 연암은 금오교金鰲橋라는 다리를 여러 번 언급하지. '금해교金海橋 위에 서서 금오교를 보니 오가는 행인과 수레와 말들이 인간 세상과는 달라 보였다.'

당시 금오교는 북경에서 가장 규모가 큰 석교로서 아름답기로 이름이 났다고 해. 지금은 '북해대교北海大橋'라는 맥 빠진 이름으로 불리는 콘크리트 다리에 불과하지만 말이야. 연암은 다시 '멀리 금오교 위의 오고가는 수레와 말, 그리고 사람들이 까마득히 보여 신선이 살고 있는 곳' 같다고도 해. 이 묘사를 했을 때 연암의 위치는 북해공원의 북쪽 물가에 위치한 오룡정五龍亭이었어.

호숫가에 접한 다섯 정자를 잇는 돌다리가 부드럽게 휘어 있는

데, 이를 하늘에서 보면 마치 한 마리 용처럼 보인다고 해서 그런 이름이 붙었단다. 이곳에서 바라보는 북해공원의 풍광은 그야말로 일품이지. 연암의 예찬이 결코 과장이 아니라는 생각이 들어. 그리고 연암이 눈치채지 못했던 오류를 확인하는 소소한 즐거움도 챙기면 좋겠어. 연암은 동쪽에서 서쪽으로 정자 이름을 나열하면서 징상澄祥, 자향滋香 순으로 기록했어. 하지만 실제로는 가장 동쪽 정

✚ 앞으로 보이는 곳이 북해공원의 상징인 경화도의 백탑이다.

✚ 동쪽 두 번째 전각이 징상정澄祥亭이다.

자가 자향이고 그다음이 징상이야.

여름에 태액지를 구경했던 연암은 겨울 태액지의 장관을 전해 듣고 이를 상상해 묘사하지. 겨울에 태액지가 얼면 그 호수 빙판에서 대규모 스케이트 갈라쇼가 펼쳐진다는 거야. '얼음이 얼고 눈이 쌓이면 팔기八旗를 대오로 나누어 공차기와 얼음지치기 놀이를 하는데, 신 바닥에 모두 쇠로 된 징을 박아서 달리고 쫓음이 재빠르다. 이때는 황제도 친림하여 구경하게 된다.'

이를 못 본 연암은 얼마나 안타까웠을까. 그런데 겨울에 이곳 태액지를 구경 왔다 여름 태액지의 장관인 연꽃을 보지 못해 아쉬움을 토로했던 이도 있었어. 연암보다 14년 앞서 연행을 왔던 담헌

© 국립중앙박물관

✚ 연암 연행 4년 후인 1784년 북경에 온 강세황이 그린 〈영대빙희〉라는 그림이다. 다만 이곳은 오룡정이 있는 북해가 아니라 그 바로 아래쪽 중해다.

홍대용이야. 그는 한겨울에 태액지와 오룡정을 구경하고선 '대개 이곳이 여름에 연꽃이 물에 가득하면 더욱 이상한 구경이 될 듯하였다'라고 아쉬움을 꾹꾹 눌러 기록했단다.

> 오룡정을 거쳐 조그만 둔덕을 돌아서 한 대문에 들면 문 앞에는 향장嚮牆이 있는데, 높이가 대여섯 길은 되고 넓이는 여남은 발이나 되었다. 흰 사기 벽돌로 쌓고 아홉 마리 용을 새겨 놓았다. (……) 오르고 내리고 나는 모습이 각기 자세를 갖추어 변화무쌍한데도 터럭만큼도 이은 흔적을 찾을 수 없다.
>
> –『황도기략』, 「구룡벽」

오룡정에서 나온 연암이 향한 곳은 북해공원의 구룡벽九龍壁으로 향장이라고도 하지. 향장이란 연암의 설명대로 '대문의 안과 밖

✚ 북해공원 구룡벽

을 가리는 차단막'이야. 조선 사대부가의 사랑채 쪽에서 안채가 보이지 않도록 안채 문 앞에 쌓았던 '헛담'이 이와 비슷할 거야. 하지만 중국에서 향장은 중요 건물의 정문 앞에 세우는 벽으로, 실용적 기능보다는 장식으로서의 역할이 더 강하다고 할 수 있어. 북해공원 구룡벽도 지금은 사라진 한 건물의 장식 벽이었던 거지.

중국에는 유명한 구룡벽이 세 개 있어. 산서성 대동大同에 하나가 있고 북경에 두 개가 있지. 그런데 북경 자금성과 북해공원에 있는 두 구룡벽과 달리 대동에 있는 구룡벽의 용은 발톱이 네 개야. 황제를 상징하는 발톱이 다섯인 용은, 황제가 거처하는 북경에만 세울 수 있다는 뜻일까. 특히 북해공원의 구룡벽은 다른 두 곳과 달리 양면으로 만들어져 그 화려함이 더하지.

그런데 연암의 묘사에는 약간의 '뻥'이 있어. '터럭만큼도 이은 흔적을 찾을 수 없다'는 연암의 말과는 달리 아홉 마리 용을 형상하는 유리타일의 틈새는 또렷하게 보이기 때문이야. 어쩌면 연암은 멀리에서 구경할 수밖에 없었을지도 몰라. 당시 이곳은 황제와 그 가족들의 개인 정원이었지, '공원'은 아니었으니까. 그렇다면 연암은 우리와 달리 이곳 구룡벽 용의 발톱이 다섯 개인 것도 눈치채지 못했을지 모르겠어.

『열하일기』에서 찾기

– 『황도기략』, 「경화도」

– 『황도기략』, 「만수산」

– 『황도기략』, 「오룡정」

– 『황도기략』, 「구룡벽」

– 『황도기략』, 「태액지」

답사지 찾기

– 경산공원景山公園[景山公园, 징산궁위안]

경산공원 정문은 자금성의 북문인 신무문과 마주 보고 있으며 지하보도로 연결돼 있다. 밤늦게까지 개방을 하니 북경의 야경을 보기에도 좋은 장소다.

– 숭정황제자액처崇禎皇帝自縊處[崇祯皇帝自缢处, 충전황디쯔이추]

경산공원을 오르는 길은 크게 남쪽과 동쪽, 서쪽 세 갈래다. 동쪽에서 경산을 오르는 길 바로 옆에 '숭정황제자액처'가 있다.

– 북해공원北海公園[北海公园, 베이하이궁위안]

북해공원을 경산공원과 함께 답사할 경우, 경산공원 서문으로 나가 길을 건너면 바로 북해공원 동문을 만나게 된다. 별개로 답사할 경우에는 북경 지하철 6호선 북해북北海北[베이하이베이]역에서 하차하면 된다.

– 오룡정五龍亭[五龙亭, 우룽팅]

오룡정은 북해공원의 호수 북서쪽 물가에 위치한다. 북해공원 동문으로 들어왔을 경우 경화도에서 출발하는 유람선을 타고 이동하면 된다. 이곳만 따로 보고 싶을 경우에는 북문으로 입장하는 편이 더 낫다.

– 구룡벽九龍壁[九龙壁, 쥬룽비]

구룡벽은 북해공원 호수 북쪽에 자리 잡고 있으며 오룡정과는 500여 미터 정도 떨어져 있다.

답사 포인트

- 경산공원 동측 등산로 옆에서 숭정제 순국처 비석의 명明 자 확인하기!
- 경산공원 정상에 올라 자금성 전체 조망하기!
- 북해공원 금해교에서 금오교를 바라보기!
- 오룡정에서 금오교를 바라보기!
- 오룡정의 정자 이름을 순서대로 확인하기!
- 구룡벽에 새겨진 용의 발톱 개수 확인하기!
- 구룡벽 유리타일의 틈새 확인하기!

북경5 공묘

연암이 북경에서 가장 가보고 싶었던 곳은?

요즘 북경에 여행 온 이들이 가장 보고 싶은 곳은 아마 자금성이나 천안문일 거야. 그럼 조선시대 사행단의 일원으로 북경에 온 이들이 가장 가보고 싶었던 곳은 어딜까? 천하의 서적이 모인다는 유리창琉璃廠일까? 아니면 서양 문물을 접할 수 있다는 천주당일까? 그것도 아니면 이화원의 3배에 달했던 황실 정원 원명원일까? 우리처럼 자금성일까? 정확히 알 도리야 없지만 공묘孔廟가 아닐까 싶어.

공묘는 공자의 무덤이 아니라 공자의 위패를 모신 곳이야. 공자의 고향 곡부曲阜의 공묘가 가장 오래되고 규모도 크지만 수도로서의 상징성 때문에 북경 공묘 또한 그 중요성이 작지 않지. 그런데 지금 우리의 시선으로 공묘를 '구경'하는 건 관광에 그칠 수 있어. 그래서 이번에도 연암을 따라, 때로는 담헌의 기록을 참고해 공묘

✚ 1900년대 초반의 공묘 뜰과 대성전 사진이다.

✚ 현재 공묘 전경으로 100여 년 전과 비교해 크게 변한 것은 없다.

일대를 답사해 보자고.

공묘와 국자감이 위치한 골목은 연암 연행 당시 성현가聖賢街라고 불렸지만 현재는 국자감가國子監街로 바뀌었어. 이 골목에는 네 개의 패루가 서 있는데, 바깥쪽에는 '성현가聖賢街' 안쪽에는 '국자감國子監'이라는 글씨가 쓰여 있지. 그러니 패루에 과거와 현재의 지명이 모두 남아 있는 셈이야. 그런데 담헌이 이곳을 방문했을 당시는 청나라 때였으니 만주 글씨가 나란히 쓰여 있었던 모양이야. 담헌은 성인의 위패를 모신 곳을 오랑캐 글자로 더럽혔다고 통탄하고 분노하지.

연암은 탄식하고 노여워하진 않지만 다른 방식으로 훨씬 치밀하게 자신의 속마음을 드러내. 연암은 공묘가 포함된 여행기에 '알

✚ 현재 국자감 패루에는 만주어 병기 없이 한자만 쓰여 있다.

성퇴술謁聖退述', 즉 '성인 공자를 알현하고 물러나 서술한다'는 의미의 정중한 제목을 붙이지. 반면 불교 사찰과 도교 사원, 천주당 등을 여행한 기록은 '나뭇잎에 글자를 써서 항아리에 넣어 보관했다가 기록한다'는 뜻의 '앙엽기盎葉記'로 정해. 유교와 관련된 장소와 그 밖의 것에 대한 연암의 태도에 큰 차이가 있지.

연암은 오랑캐가 세운 원나라 때 처음 만들어진 북경 공묘가 한족의 명나라 때에야 비로소 그 면모를 새로이했고 명나라는 마지막 황제인 숭정제 때까지 이곳을 손질하고 고쳤다며 꼼꼼히 기록해. 이어 연암은 고려와 조선의 신하들이 이곳 북경 공묘에서 공부도 하고 중국 문신들과 마찬가지로 예를 다했다고 '굳이' 설명하지.

성인 공자는 한족에 의해서만 정통성이 이어질 수 있으며, 소중화小中華를 자처했던 고려와 조선 또한 그 소임에 소홀하지 않았음을 연암은 에둘러서 그러나 단호하게 '암시'한 거야. 연암 당시를 기준으로 하더라도 약 300년간 유교가 조선 사회를 지배했으니 이런 외곬이 무리도 아니지. 연암의 이러한 (무)의식이 적나라하게 드러난 때가 공자의 위패를 모신 대성전을 대면한 순간이야.

> 내가 얼마 전에 열하의 태학에서 참배한 제도는 우리 서울의 태학과 같더니, 이제 두루 이 묘의 제도를 살펴보니, 아마 명明의 옛 제도를 본뜬 듯한데, 태화전에 비하면 비록 조금 작지만 그 제도의 정제된 폼은 비슷했다.

'태화전에 비하면 비록 조금 작지만'이라. 두 사람이 무척 친해서 그랬을까. 연암의 벗 담헌도 똑같은 반응을 해. '서너 층 높은 섬에 난간이 정제하고 삼층 정전이 황기와로 덮였으니 대개 태화전 규모와 방불하다.' 그런데 연암과 담헌의 경험과 진술이 사실일까? 정말 자금성 태화전과 공묘 대성전은 비슷한 규모냐는 말이야.

연암은 자금성의 태화전을 구경했을 때는 이와 정반대의 반응을 한 적이 있어. '대체로 태화전은 천자가 정치를 하기 위하여 나가 앉는 곳으로 그리 크고 높지도 않았다.' 당시 연암 옆에 있던 역관들은 그 이유를 다음과 같은 논리로 설명하지. '인간은 차이를 본질로 하는 존재'로 인간의 '의식은 그때그때의 인상이 선행하는 인상과 구분되는 차이에 의해 촉발'된다는 생각 말이야.

무슨 말인가 하면, 연암 일행이 압록강을 건넌 직후에는 조선의 아담한 건물과 대비되는 청나라의 거대한 사원이나 궁궐을 보고 많이 놀랐다는 거야. 하지만 그것들이 차차 눈에 익은 후에 자금성을 구경하니 중국에서 가장 큰 목조건물인 태화전을 봐도 그리 대단치 않게 보였다는 거지.

그런데 이게 과연 상대성에 따른 착시일 뿐일까? 태화전은 3층 기단 위에 높이 35m, 폭 64m 규모야. 반면 25m 높이의 대성전은 1층 기단 위에 '왜소'하게 서 있을 뿐이야. 이 둘이 비슷하다니 '실사구시實事求是'를 외치던 실학파의 거두답지 않은 '허사虛事'야. 물론 연암의 마음자리가 짐작가지 않아 이렇게 꼬투리를 잡는 건 아니야.

태화전

대성전

태화전은 황제의 상징적 집무 공간이니만큼 오랑캐 청나라의 중심이고, 공묘는 조선 사대부들이 공경해 마지않던 공자를 배향한 사당이야. 청나라가 중국의 주인이라는 현실은 연암도 인정하지 않을 수 없었을 거야. 하지만 공자 위패 위에 걸린 편액, '도흡대동道洽大同'의 뜻처럼 성인 공자의 위대한 가르침이 온 천하를 넉넉히 아우르리라는 이상을 연암은 꿈꾸었을 거야. 이 현실과 이상의 괴리를 연암은 의도적인 착시로 메우려 했던 것은 아닐까.

사실 연암의 이런 태도는 대성전에 그치는 게 아니야. 공묘의 정문 선사문先師門을 들어서면 대성문 앞으로 공자상이 보이고 양옆으로는 진사제명비가 나란히 서 있어. 이것은 원, 명, 청대 과거의 최종 합격자인 진사進士의 이름과 출생지 등을 기록한 비석이야. 현재 공묘 내에는 원나라 때의 비석 3개, 명나라 때의 비석 77개, 청나라 때의 비석 118개가 보존되어 있어.

그런데 연암은 진사제명비를 언급할 때 마치 명나라 때의 진사제명비만 있는 것처럼 '명조진사제명비明朝進士題名碑'라고 썼어. 청나라 것은 '파를 심은 이랑처럼 빽빽해서' 어떻게 다 기록하겠느냐며 퉁을 놓을 뿐이지. 현재 진사제명비 중 가장 귀하게 평가되는 건 원나라 때 것이고 그 수가 가장 많은 것은 청나라 진사제명비인데도 말이야.

✚ 가장 오래된 '원대진사제명비' 중 몇 개는 지금도 새겨진 이름과 출신지를 확인할 수 있다.

연암을 따라 공묘를 둘러보는 우리가 대성전을 우러르느라 목을 젖히고 진사제명비에 새겨진 이름을 보느라 몸을 굽히는데 중국인들은 그런 우리를 이상하게 쳐다봐. 그러면서 그들이 가장 오래, 가장 진지하게 구경하는 게 있어. 대성전 왼쪽에 있는 '제간백

除奸柏', 즉 '간사함을 구분할 줄 아는 측백나무'라는 이름의 나무야. 이름을 보니 뭔가 재미있는 이야기가 있을 것 같지?

명나라 가정제 당시 유명한 간신이던 엄숭嚴嵩이 황제를 대신해 공묘를 찾았다고 해. 그가 이 나무 밑에 서자 갑자기 광풍이 불어 나뭇가지가 엄숭의 관모를 쳐 떨어뜨렸다네. 그래서 이 나무가 충신과 간신을 구별하는 신통한 능력이 있다고 여겨 이런 이름을 붙였다는 거야. 그 이야기를 믿건 안 믿건 자유지만 800년 수령의 이 측백나무를 바라보는 것만으로도 근사한 일이긴 해.

이제 사람들이 쉽게 지나치는 공묘의 '반전'을 하나 더 이야기하고 국자감으로 옮겨 가자. 공묘 뜰에는 좌우로 6개씩 총 12개의 비정碑亭, 즉 비석을 보관하는 정자가 있어. 대부분 청나라 때 세워진 이 비석에는 공묘를 수리했거나 공자를 찬양하는 내용뿐만 아니라 청나라 강희제, 옹정제, 건륭제가 정벌전쟁에서 승리한 것을 자축하는 내용도 새겨져 있어.

청나라 황제들은 왜 그 중요한 기록을 이곳 공묘에 세웠을까? 영원한 스승 공자에게 자신들의 공적을 보고하기 위해서였을까? 물론 정확한 이유는 알 수 없지. 다만 공자를 만세사표萬世師表로 여기는 조선 선비 연암과는 좀 다른 마음이지 않았을까 싶어. 한족이 아무리 마음속, 머릿속 스승으로 공자를 추앙한다고 하더라도 현실 권력은 분명 우리 만주족에게 있다는 자신감을 드러낸 건 아닐까. 힘이 뒷받침된 그런 생각을 함부로 오만이라고 부르고 싶지는 않아.

『열하일기』에서 찾기

- 『알성퇴술』, 「태학」
- 『알성퇴술』, 「명조진사제명비」

답사지 찾기

- 공묘孔廟[孔庙, 쿵먀오]

  공묘는 북경 지하철 2, 5호선 옹화궁雍和宮[융허궁]역에서 하차해 '국자감가國子監街[国子监街, 궈쯔젠제]를 찾으면 쉽게 답사할 수 있다. 공묘 또한 그리 크지 않은 공간이라 정문을 통과하면 진사제명비, 제간백, 대성전 순으로 확인할 수 있다.

답사 포인트

- 공묘 진사제명비 중 원나라와 청나라 때 것 찾아보기!
- 대성전의 규모를 태화전과 비교하기!
- 간신을 알아본다는 800살의 측백나무 찾아보기!
- 청나라 정벌전쟁 승전을 기록한 거대한 비석 확인하기!

북경6 국자감

국자감에서 우리가 연암에게 뻐길 수 있는 것은?

중국 전래 최고의 국립교육기관인 국자감國子監은 공묘와 담을 이웃하고 있어. 공묘의 서쪽 문이 국자감과 바로 연결돼 있지. 그런데 중국에서 최고 학부의 이름은 시대마다 달랐어. 연암은 『열하일기』에서 '태학太學'이라고 쓰고 있는데 이는 한나라 때 이름이야. 국자감이라는 명칭은 당나라 이후부터 쓰였지. 우리나라의 경우 고려 때 처음 국자감이 설치되고 여러 차례의 개칭 후 성균관成均館으로 확정돼 조선까지 이어져.

중국에서는 전통적으로 공자를 배향하는 사당과 교육기관을 같이 두었는데 두 선불의 배치에 따라 다양한 조합이 가능해. 우리나라 성균관의 경우 공자 사당이 앞에 위치하고 교육기관인 명륜당

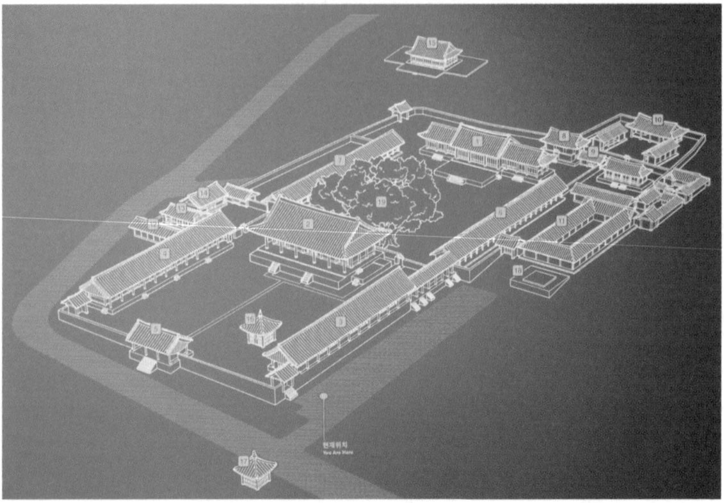

✚ 조선 성균관은 앞쪽에 대성전이, 뒤쪽에 명륜당이 배치되었다.

✚ 조선 성균관의 대표적 교육 공간인 명륜당이다.

이 그 뒤로 자리 잡은 전묘후학前廟後學의 배치야. 그와 달리 북경 공묘와 국자감은 동서로 나란하게 배치되어 있어. 둘 모두 남쪽을 향하면서 동쪽에 공묘, 서쪽에 국자감이 자리를 잡고 있지.

국자감의 주요 건물로 들어서는 태학문太學門은 여느 문과 그 모양이 달라. 문이라면 으레 있기 마련인 문턱이 없는 거지. 이유가 뭘까? 배움에 뜻이 있는 사람은 누구든지 이 문을 통과할 수 있다는 의미라고 해. 물론 이는 상징적 의미일 뿐 실제로는 일정한 수준을 갖추고 절차를 통과하는 이들만이 이곳에서 공부할 수 있었어. 그중에는 고려에서 온 유학생들도 있었고.

현재 국자감의 대표적인 볼거리는 북경 내에서도 아름답기로 유명한 유리패방과 그 뒤쪽으로 웅장하게 서 있는 벽옹辟雍이야. 그런데 안타깝게도 연암은 이 둘 모두를 보지 못했어. 연암이 이곳을 다녀간 후인 1784년에야 이둘이 완성되었기 때문이야. 그래서 1753년에 제작된 〈건륭경성전도〉를 보면 오른쪽의 공묘는 현재의 모습과 거의 비슷한 반면, 왼쪽의 '태학太學'으로 표시된 현재의 국자감 정중앙 뜰은 지금과 달리 텅 비어 있는 거야. 연암은 아마 이런 모습의 국자감을 보았을 거야.

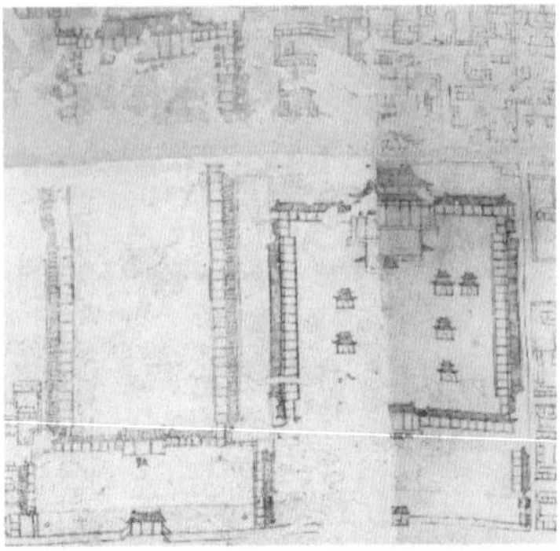

연암은 볼 수 없었던 벽옹 뜰에서 황제의 강의를 직접 듣는 '영광'을 누린 이가 있어. 연암과 함께 북경에 왔던 팔촌 형님 박명원이야. 그는 연암과 동행해 북경에 다녀간 지 4년 후 다시 북경에 갔고 이곳 국자감에서 건륭제의 강론을 듣게 되지. 건륭제는 박명원 일행을 보고 시종들에게 "이 사람들이 조선의 사신인가?" 하고 물으며 관심을 표했다고 해.

이곳을 다녀간 후 그림으로 남긴 이도 있어. 우리에게 풍속화의 화가로 잘 알려진 단원 김홍도야. 그가 1790년에 연행했다는 기록이 있는데, 조선으로 돌아온 후 총 14폭의 연행도를 그렸다는 거야. 앞서도 여러 차례 소개했던 '숭실대학교 한국기독교박물관' 소장의 〈연행도〉가 그의 작품이라는 거야. 단원이 국자감을 구경하고 그린 것은 제10폭 〈벽옹〉이야. 이 그림에는 〈건륭경성전도〉와 달리

유리패방과 벽옹이 모두 그려진 것을 확인할 수 있어.

국자감의 유리패방은 북경에서 유일하게 교육을 목적으로 설립된 패방이며, 동시에 사원에 속하지 않은 유일한 패방이기도 해. 1783년에 세워진 이 유리패방은 네 개의 기둥으로 이루어졌고 황금색과 녹색 유리기와로 화려하게 장식돼 있지. 패방의 앞뒷면에는 건륭 황제의 친필 돌 편액이 있는데, 앞면에는 '환교교택圜橋教澤', 뒷면에는 '학해절관學海節觀'이라고 쓰여 있어.

이 두 개의 편액 글귀는 고사성어가 아니라 국자감의 정경을 묘사한 거야. 옛 문헌에 따르면 천자의 대학은 벽옹, 제후의 대학은 반궁泮宮이라 했대. 그래서 제후나라에 속한 조선의 성균관은 반궁이라 불리기도 했지. 그리고 벽옹에는 원형의 연못이, 반궁에는 반원형의 연못이 조성돼. 벽옹 연못의 물이 흘러 그치지 않는 것과 같이 성현의 교화教化와 은택恩澤이 끊이지 않고 이어진다는 뜻으로 '환교교택圜橋教澤'을 쓴 거야.

그럼 뒤쪽의 '학해절관學海節觀'은 어떤 뜻일까? 벽옹 안쪽으로 가면 황제가 국자감에서 학생들에게 강론하는 장면을 묘사한 그림의 복제본이 전시돼 있어. 그런데 황제가 국자감에 친림할 때 바다와 같이 많은 학생들을 한 번에 만날 수 없었겠지. 그래서 황제는

그곳에서 공부하는 유생들을 나누어 만났다고 해. 그럴 만큼 공부하는 선비가 많았다는 자부심의 우회적 표현이기도 하겠지. 이런 광경을 표현한 것이 '학해절관學海節觀'이야.

유리패방 뒤로는 앞서 설명한 벽옹이 자리 잡고 있어. 벽옹은 유리패방이 완성된 지 1년 후 준공되었어. 원형의 연못 중앙에 사각형의 단을 쌓고 그 위에 2층 처마의 목조 건축물을 올린 거지. 이는 천원지방天圓地方, 즉 하늘은 둥글고 땅은 네모나다는 중국 고대의 우주관과 함께 하늘과 땅이 서로 교화한다는 뜻을 담고 있다고 해.

형편이 이러했으니 연암이 이곳 국자감에서 볼 수 있었던 것은 이륜당彝倫堂과 동서 양편으로 늘어선 학사뿐이었어. 이륜당은 벽옹이 세워지기 전 황제가 강론하던 장소였지. 벽옹과 최근 복원된 듯한 이륜당 사이에는 공자상이 하나 서 있어. 그런데 중국인들 사이에는 그 동상을 만지면 자식들이 공부를 잘한다는 속설이 있대.

✚ 벽옹 내부

그래서 보호벽이 있음에도 힘껏 까치발을 하고 동상을 만지려는 부모들의 안간힘과 애틋함을 매번 볼 수 있어. 자식의 성취를 바

라는 많은 부모들의 기원이 철제 테두리에 주렁주렁 걸려 있기도 하지. 연인들이 사랑을 언약하며 열쇠를 걸듯 자식 이름을 쓴 붉은 나뭇조각을 이곳에 걸어 두는 거야. 재미있는 건 기숙사로 쓰던 건물 중에 유독 이런 나뭇조각이 많이 걸린 곳이 있어. '박사博士'라고 쓰인 곳이야.

국자감이 위치한 국자감가國子監街 또한 근사한 골목이야. 북경 공묘와 국자감이 세워진 원나라 때 조성되었으니 그 역사가 800년에 가깝지. 그래서인지 최근 이곳에 들어선 미술관 이름에는 원나라 당시 북경의 이름인 '대도大都'가 들어가 있어.

조성시기가 이른 만큼 거리의 분위기도 예스럽고 고아해. 공묘와 국자감 뜰에서 느꼈던 분위기를 거리에서도 지속할 수 있는 이유는 아마도 오래된 홰나무 가로수 때문일 거야. 그 홰나무는 200여 년 전 국자감을 들고났을 조선 선비 연암을 기억하겠지.

『열하일기』에서 찾기

– 『알성퇴술』, 「학사」

답사지 찾기

– 국자감國子監[国子监, 궈쯔졘]

국자감은 공묘와 동서로 붙어 있어 바로 찾을 수 있다. 공묘의 서쪽 지경문持敬門을 통과하면 국자감이다.

답사 포인트

– 문턱이 없는 태학문 확인하기!

– 국자감의 유리패방 앞뒤로 새겨진 건륭제 친필 확인하기!

– 벽옹의 정사각형 모양과 원형의 연못 확인하기!

– 고목인 홰나무 가로수와 800년 된 국자감가國子監街의 근사한 분위기 느끼기!

북경7 남당 · 이마두묘 · 천녕사 · 오탑사

조선 유학자 연암, 이단의 성소를 탐하다?

청나라를 여행하면서 연암이 모은 건 기념품이 아니라 메모였어. 보따리가 불룩할 정도로 많은 종이 쪼가리에 보고 들은 것을 기록했지. 그런 연암이 별나게 툴툴거린 적이 있어. 메모지는 나비 날개처럼 작고, 거기에 적힌 글자는 파리 대가리만 하다는 불평이야. 바로 『앙엽기盎葉記』라는 책에서인데, '옛사람이 감나무 잎에다 글자를 써서 항아리 안에 넣어 두었다가, 나중에 모아서 하나의 기록으로 정리했다는 것을 본받아 붙인 이름'이지.

그런데 연암이 엄살을 부린 데는 다른 이유가 있어. 이 책은 일종의 '이단 종교 성지 순례기'야. 주자성리학만을 정통으로 인정하는 당대 조선 사대부들에게 불교나 천주교는 세계종교가 아니라 그냥 이단일 뿐이었어. 호기심 많은 연암은 아니 가볼 수 없었지만 동시에 나름의 안전장치를 마련해야 했던 거지. 짐짓 별거 아니라는 뜻의 제목을 붙인 것도 이 때문이었을 거야. 그러나 '이단의 성소'를 찾는 연암의 열정만큼은 공자나 유학과 관련된 장소를 찾았을 때에 못지않아. 『앙엽기』에 소개된 장소 중에는 현재 상세한 북경 가이드북에조차 언급되지 않은 곳도 있거든.

연암은 열하에서 북경으로 돌아오자마자 천주당을 찾았어. 앞서 북경에 왔던 벗 홍대용이 천주당의 풍금, 파이프오르간에 대해 수차례 이야기했기 때문일 거야. 남달리 호기심이 많던 연암이었으니 아직 조선에 알려지지 않은 서양 문물이 얼마나 궁금했겠어. 숙소인 서관에서 큰길을 따라 남쪽으로 조금만 내려가면 바로 찾아갈 수 있었다는 것도 방문을 서두른 이유일 거야.

✚ 왼쪽으로 보이는 건물이 남당으로, 연암은 숙소를 오가며 남당의 이런 모습을 보았을 것이다.

그런데 여기서 연암은 사소한 착각을 해. '풍금이 있는 당은 바로 서쪽의 천주당'이라고 했는데, 연암이 방문한 곳은 선무문宣武門 천주당, 곧 남당南堂이었어. 지리적으로 꼭 맞지는 않지만 북경에는 동서남북 네 곳에 성당이 있었어. 연암이 언급한 '서쪽의 천주당'은 북경 내성의 서쪽 문 중 하나인 서직문西直門 인근에 있기에 서직문 천주당이라 불리지.

담헌과 연암 두 사람 모두 남당을 방문한 건 맞지만 두 사람이 남긴 묘사는 달라. 연암은 남당을 '집 마루가 둥근 것이 마치 종을 엎어 놓은 모양을 하고 여염집 위로 솟구쳐 나온 곳'이라 했고, 담헌은 '마루 없는 높은 집이 공중에 솟아 있다'고 했거든. 그 이유가 뭘까? 두 사람이 서로 다른 건물을 보았기 때문이야. 1775년 화재로 담헌이 방문한 남당은 무너지게 돼. 그러니까 연암이 본 남당은 담헌이 찾은 남당을 새로 재건한 성당이었어.

다행히 담헌과 연암 방문 당시 남당의 모습을 추측할 수 있는 자료가 남아 있어. 1650년대 남당에서 예식을 행하는 장면을 기록한 그림이 있는데, 아마 담헌은 이런 형태의 남당을 보았을 거야. 그런데 이 남당은 앞서 설명한 대로 담헌이 방문한 지 10년 후 불에 타 사라져. 그리고 다시 5년 후 연암이 방문했을 때는 다른 모습으로 재건되지. 19세기 후반 남당을 찍은 사진을 통해 연암이 보았을 남당의 모습을 짐작해 볼 수 있어.

그런 전후 사정을 몰랐겠지만 연암에게 남당은 기이한 구경거

✚ 영국 사진사 토마스 차일드Thomas Child가 1874년에 촬영한 사진으로 1900년 다시 불타기 전의 남당 모습을 추측할 수 있다.

리로 가득 찬 곳이었어. 물론 담헌이 이야기했던 풍금은 불에 타 볼 수 없었지만 말이야. 이국적인 건물의 외형이 얼마나 이채로웠던지 '쇠로 주조하고 흙으로 구워 놓은 것 같다'고 과장하기도 하지. 그 중에서도 압권은 아마도 성당 내벽에 그려진 벽화였던 것 같아. 그때까지 연암은 사실적인 서양화 기법으로 그려진 그림을 본 적이 없었을 테니 말이야. 연암이 남긴 재미있는 에피소드 하나를 소개할게.

천장을 올려다보니 수없이 많은 어린애들이 오색구름 속에서 뛰노는데, 허공에 주렁주렁 매달려 있는 것 같다. 살결을 만지면 따뜻할 것만 같고, 팔목이며 종아리도 포동포동 살이 쪘다. 갑자기 구경하던 사람들이 눈이 휘둥그레지도록 놀라 어쩔 바를 모르며 손을 벌리고서 어린애가 떨어지면 받을 듯이 고개를 젖히고 있다.

–『황도기략』,「양화」

그러나 현재 북경 남당에는 그 벽화조차 없어. 연암이 방문한 이후 남당은 한 차례 더 화염에 휩싸였기 때문이야. 1900년 반외세 운동의 성격을 띤 의화단사건 당시 외래 종교 시설물인 남당은 또 한 번 수난을 겪은 것이지. 그러다 4년 후에 다시 재건되었고 현재에 이르러. 남당은 대체로 종교를 배타시하는 사회주의 국가 중국에서 최초로 종교 활동이 허용된 곳이기도 해.

초기 남당은 작은 교회당에 불과했지만 청나라 순치제의 총애를 받았던 독일 예수회 선교사 아담 샬(Adam Schall, 탕약망湯若望) 때 크게 중건되었다고 해. 그런데 아담 샬은 명나라와 청의 교체기에 북경에 잠시 머물렀던 조

✚ 아담 샬

선의 소현세자와도 인연이 깊지. 소현세자는 아담 샬과 천주교 교리뿐만 아니라 서양 과학기술에 대해 여러 차례 이야기를 나누었고, 이후 그가 선물한 천구의, 천문서적 등을 가지고 몇 명의 천주교인을 대동해 귀국길에 올라.

✚ 마테오 리치

그러나 널리 알려진 대로 소현세자는 귀국한 지 얼마 되지 않아 의문의 죽음을 당했고, 동행한 천주교인들, 즉 망한 명나라의 환관 중 천주교로 개종한 사람들에 대한 기록 또한 사라지지. 조선 역사에 다시 천주교가 등장하는 건 이때로부터 대략 100년 후야. 그러나 조선 사람으로 최초의 영세를 받은 선비 이승훈이 방문한 곳은 이곳 남당이 아니라 북당이었어.

남당은 중국 역사에서도 매우 중요한 공간이야. 이곳을 세운 이는 조선 지식인에게 지적, 지리적 충격을 준 〈곤여만국전도〉의 제작자 마테오 리치(Matteo Ricci, 이마두利瑪竇) 신부야. 그는 명나라 황제의 허락을 받아 1605년 남당을 건립해. 그래서 이곳은 북경에 있는 성당 중 역사가 가장 오래되었지. 이곳은 종교적 의례 공간이었을 뿐만 아니라 명 · 청 시기 중국인들이 서양 문물을 수입하는 주요한 통로이기도 했어.

그래서인지 남당은 조선 사행단에게도 매우 인기 있는 곳이었어. 김창업이 『노가재연행록』에 남당을 소개한 이후 조선 사신들이 반드시 방문하는 명소가 된 거지. 홍대용은 1765년 연행 당시 남당을 네 차례나 방문하고 『을병연행록』에 자세하게 기록해. 그러니까 북경 남당은 노가재 김창업, 담헌 홍대용 그리고 연암 박지원이 모두 방문하고 기록으로 남긴 곳이야. 참고로 세 분의 연행기인 『노가재연행록』, 『을병연행록』, 『열하일기』는 500편이 넘는 연행록 중 가장 빼어난 3대 연행록으로 꼽힌단다.

연암은 지금도 찾아가기 쉽지 않은 마테오 리치의 묘까지 찾아. 『열하일기』의 기록처럼 '예수회 선교사 이공의 무덤(耶蘇會士利公之墓)'이라고 쓰인 묘비석이 지금도 남아 있어. 그 옆으로는 아담 샬

의 묘비석도 확인할 수 있지. 깨진 비석 조각들이 어설프게 붙어 있지만 그들의 흔적은 남아 있어. 하지만 같은 이방인이었던 조선의 동궁 소현세자와 조선 선비 연암의 자취는 어디에도 없다는 게 잠시 서글프지.

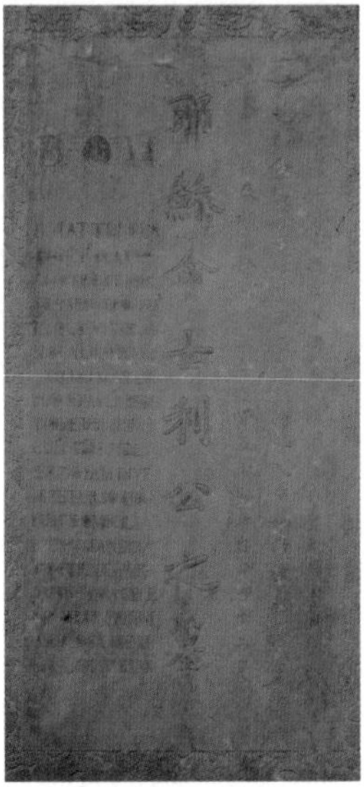

✚ 마테오 리치 묘비석

같은 외래종교이지만 중국에서 오래전 뿌리를 내린 불교는 북경에 긴 시간과 넓은 공간을 점유한 사찰을 여럿 거느리고 있단다. 『앙엽기』에 실린 글 중 가장 많은 것이 불교 사찰 방문기인 이유지. 그중에서 연암이 다른 어떤 곳보다 반가워했을 절은 천녕사天寧寺일 것 같아. 왜냐하면 북경을 오는 도중 보았던 요동과 북진의 백탑과 똑같은 모양의 탑이 이곳에 있거든.

> 탑의 높이는 스물일곱 길 다섯 자 다섯 치라 한다. 탑은 13층으로 팔각형 모양인데 네 둘레로 방울을 단 것이 만 개는 되어 '댕그랑' 방울 울리는 소리가 끊기지 않는다.
>
> – 『앙엽기』, 「천녕사」

✚ 천녕사 탑

연암의 묘사처럼 이곳의 상징은 단연 천녕사의 탑이야. 요나라 때 세워져 역사가 천 년에 가까운 이 탑의 높이는 약 58m로, 총 13층으로 이루어진 거대한 규모지. 이 탑에는 아름다운 조각들이 새겨져 있고 매 층 사이사이마다 불상을 안치할 수 있는 불감을 만들었어. 이 탑에는 연암이 묘사한 대로 종이 달려 있는데 약 3,000개에 달한다고 해. 그러나 연암이 들었을 방울 소리는 이제는 들리지

않아.

연암이 방문한 절 중 지금 보아도 멋진 곳이 진각사眞覺寺야. 판다로 유명한 북경동물원 뒤쪽에 위치한 이곳은 연암의 기록대로 흔히 오탑사五塔寺라고도 불렸어. 금강보좌金剛寶座라는 이름의 부도 위에 다섯 개의 탑이 있어 사람들이 이렇게 불렀던 거지. 연암이 이곳을 방문했을 때는 건륭제에 의해 대대적인 보수가 끝난 후였어. 그래서 1,000개의 돌조각으로 정교하게 쌓은 금강보좌의 모습도 제대로 구경할 수 있었을 거야. 지금의 우리처럼 말이야.

★ 답사를 위한 마침표 ★

『열하일기』에서 찾기

- 『황도기략』, 「천주당」
- 『황도기략』, 「양화」
- 『앙엽기』, 「천녕사」
- 『앙엽기』, 「진각사」
- 『앙엽기』, 「이마두총」

답사지 찾기

– 남당南堂[난탕]

남당은 북경 지하철 2, 4호선 선무문宣武門[宣武门, 쉬안우먼]역에서 하차하면 된다.

– 이마두利瑪竇[利玛窦, 리마둬]와 외국전교사묘지外國傳教士墓地[外国传教士墓地, 와이궈촨쟈오스무디]

'이마두'와 '외국전교사묘지'는 북경의 서쪽 북경시행정학원北京市行政學院[北京市行政学院, 베이징스싱정쉐위안] 내에 있다. 정문 바로 앞에 서 있는 건물을 돌아가면 학교 중앙 정원에 묘지가 있다. 지하철을 이용할 경우 북경 지하철 6호선 차공장車公莊[车公庄, 처궁좡]에서 하차하면 된다.

– 천녕사天寧寺[天宁寺, 톈닝쓰]

천녕사 인근에는 지하철역이 없다. 북경 지하철 7호선 달관영達官營[达官营, 다관잉]역에 하차해 2km 정도 북동쪽으로 걸어야 한다.

– 오탑사五塔寺[우타쓰]

오탑사는 북경동물원 서북 문과 마주하고 있다. 북경 지하철 4, 9호선 국가도서관國家圖書館[国家图书馆, 궈자투수관]역에 하차해 도보로 이동할 수 있다.

★ 답사를 위한 마침표 ★

답사 포인트

- 현재의 남당을 과거의 남당과 비교하기!
- 마테오 리치의 묘비명 확인하기!
- 천녕사 탑의 13층과 8면 확인하고 요동 백탑과 비교하기!
- 오탑사의 금강보좌 위 다섯 개의 탑 확인하기!

북 · 경 · 부 · 록1

자금성 내궁

연암이 갈 수 없었던 Forbidden City, 우리는 간다!

이제 우리는 연암이 감히 눈길조차 주지 못했던 황제의 내밀한 공간으로 들어갈 거야. 현재 자금성을 구경하는 사람들은 거의 인식하지 못하지만 자금성의 남쪽 구역과 북쪽 구역은 이곳이 궁전으로 사용되던 시절 매우 엄격하게 구분되었어. 남쪽은 태화전, 보화전 등의 건물 명칭에서 알 수 있듯 외전外殿이라 했고, 북쪽은 건청궁, 곤녕궁 등에서 확인할 수 있듯 내궁內宮이라 불렸어.

자금성이 박물관으로 개방되고 세계적인 관광 명소가 된 지금이야 사정이 다르지만 내궁은 황제를 제외한 남성의 출입이 매우 엄격히 제한되었어. 심지어 공주의 남편, 그러니까 부마도 내궁에는 들어갈 수 없었다고 해. 이러한 원칙을 공간적으로 보여 주는 것이 횡가橫街야. 외전의 마지막 전각인 보화전과 내궁의 출입문인 건청문 사이에 자리한, 동서로

✚ 왼쪽부터 차례로 횡가, 건청문, 건청궁이다.

길게 뻗어 두 공간을 분리하는 곳이 바로 횡가야.

황제 내외의 사적 공간으로 통하는 문인 건청문은 그래서 매우 좁고 그 앞을 지키는 청동사자도 귀를 덮고 있지. 문을 통과하면 마주 보게 되는 건청궁은 청나라 초기까지 황제와 황후의 침소로 사용되었어. 그래서인지 이곳에 걸린 편액 '정대광명正大光明'에는 비밀스럽고도 중요한 문서가 보관돼 있었어.

청나라에는 비밀건저제秘密建儲制라는 황제 계승법이 있었어. 현 황제가 자신을 이을 황자의 이름을 써넣은 문서를 정대광명正大光明 편액 안의 상자에 넣어 두고 같은 이름이 적힌 문서 하나는 자신이 직접 보관해. 그러다 황제가 세상을 떠나면 두 문서에 적힌 이름을 맞추어 해당 황자를 다음 황제로 추대하는 방식이야. 장자 혹은 그에 버금가는 이를 일찌 세자로 세우는 조선과는 다른 방식이지.

청나라에도 황태자를 미리 정하는 제도가 있었어. 공교롭게도 비밀

건저제로 처음 황제가 된 강희제가 황세자 제도를 만들었지. 어린 시절 황위에 올라 여러 위기를 겪었지만 특유의 성실함과 명민함으로 성군에 오른 자신의 경험과 자신을 이을 아들에게는 더 좋은 조건에서 황위를 물려주고픈 아비의 마음에서 이 제도를 만들었겠지. 그러나 결과적으로 황태자 윤잉은 강희제에 의해 폐위되고 말아. 그래서 다음 황제인 옹정제 때 비밀건저제가 마련되지.

옹정제가 이 제도를 만든 또 하나의 이유가 있다고 해. 바로 자신의 즉위 당시의 난무한 소문 때문이라는 거야. 강희제는 역대 황제 중 가장 많은 자식을 낳았고 그렇기에 그를 이을 황제 후보도 총 25명이나 되었어. 그러니 제위계승을 둘러싼 갈등이 격렬했고 그만큼 소문도 무성했던 거지. 대표적인 것이 '유서 위조' 의혹인데, 강희제가 차기 황제를 지명하며 '십사자十四子'라고 쓴 유서를 그의 네 번째 아들인 옹정제가 한 획을 더해 '우사자于四子'로 고쳤다는 거야.

✚ 강희제의 아들이자 건륭제의 아버지인 옹정제

옹정제는 즉위와 관련한 숱한 의혹이 아들 대에는 다시 일어나지 않기를 바랐겠지. 그래서 고심한 결과 비밀건저제라는 제도를 마련해. 이는 매우 실용적인 방법이기도 했어. 많은 황자들이 선의의 경쟁을 하도록 유도하면서 황제 또한 자신의 후계자를 관찰할 충분한 시간을 가질 수 있기 때문이지. 때에 따라서는 후계자를 얼마든지 바꿀 수 있는 것도 큰 장점이었을 거고.

이렇게 중요하고 엄중한 공간인 건청궁 뜰에 들어갔던 조선 선비가 있어. 표암 강세황이란 분이야. 그는 유명한 조선의 화가 단원 김홍도의 스승이기도 하지. 강희제는 일종의 경로잔치인 천수연千叟宴을 두 번 거행했는데, 손자인 건륭제 또한 할아버지를 따라 1785년 천수연을 열어. 그러면서 조선에도 70세 이상의 노인을 사신으로 파견하라는 요청을 하

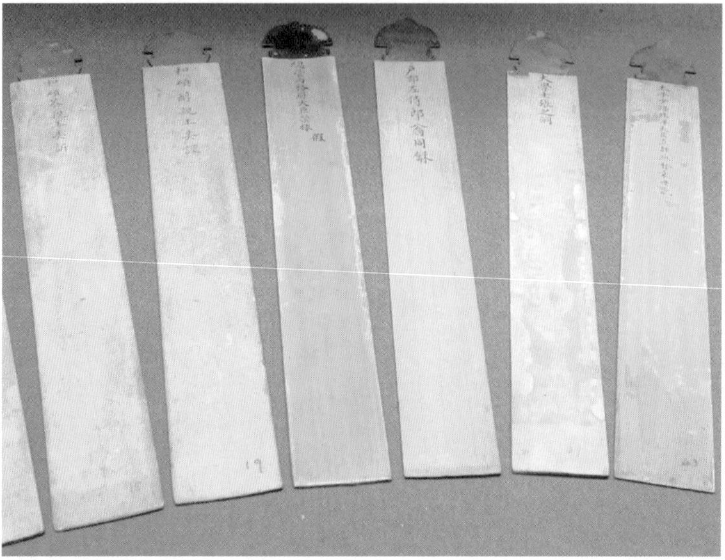

✚ '홍록두첨紅錄頭簽'이라 불리는 일종의 이름표로 강세황의 것에는 '조선국부사 강세황朝鮮國副使姜世晃'이라 쓰여 있다.

지. 그때 73세의 강세황이 부사로서 북경에 와 잔치에 참여한 거야.

동양에서 여성은 음이고 숫자로는 짝수야. 따라서 황후가 거처하는 공간인 내궁은 짝수를 기본으로 하지. 그런데 내궁에는 건청궁과 곤녕궁 두 개의 '궁'뿐만 아니라 교태전도 있어. 그 이유가 무얼까? '궁'이 아니라 '전'이라는 이름에서 알 수 있듯이 이곳은 내정 사람들을 위한 공식적 의례 장소였어. 황제의 독점 공간인 외전으로 나갈 수 없었던 황후를 비롯한 궁의 여성들이 의식을 올리던 공간이지.

재미있는 것은 조선의 정궁 경복궁에도 같은 이름의 전각이 있다는 사실이야. 그러나 자금성과 달리 경복궁 교태전은 왕비의 침전이었어.

이곳은 중전中殿이라고도 불렸는데, 왕비를 높여 '중전마마'라고 부르는 것도 여기에 연원이 있어.

건청궁의 서쪽 양심전 구역이 서태후의 수렴청정과 '마지막 황제' 선통제의 거처로 쓰이는 등 청나라의 몰락과 종말을 상징하는 장소라면 동쪽인 영수궁寧壽宮 구역은 대청제국 최전성기의 영광을 짐작케 하는 곳이야. 건륭제는 61년 동안 황제 자리에 있었던 할아버지 강희제보다 더 오래 재위할 수 없다며 황제에 오른 지 60년 만에 아들 가경제에게 황위를 물려줘. 건륭제는 태상황제로 3년을 더 사는데 그가 황제 자리에서 물러난 후 머물기 위해 마련한 거처가 곧 영수궁이야. '자금성 안의 자금성'으로 불릴 만큼 화려하기 그지없지.

영수궁 구역의 첫 관문인 황극문 앞에는 건륭제가 직접 설계했다는 구룡벽이 서 있어. 이곳은 동쪽 세 번째 백룡 때문에 유명한데 여기에는

✚ 백룡의 아래로 처진 배 부분의 '타일'이 다른 것과 다르다.

흥미로운 이야기가 숨어 있어. 구룡벽은 당시로선 무척 귀한 유리타일로 장식됐는데 한 장인이 실수로 백룡의 배 부분 타일을 깨뜨린 거야. 두려움에 떨던 그는 급히 나무를 깎아 위기를 넘겼다고 해.

이곳에는 자금성 내 최대 규모의 희대戲臺인 창음각暢音閣도 있어. 일종의 오페라하우스 같은 곳이야. 무대 앞으로 ㄷ 자 모양의 건물은 VIP 객석인 열시루야. 현재는 동치제와 서태후가 관람하던 자리가 복원되어 있지. 그런데 무대와 객석의 거리가 만만치 않아 확성장치가 없던 당시에는 배우들 목소리가 잘 들리지 않았을 것 같아. 하지만 놀라운 사실이 있어. 무대 아래에 깊은 우물을 파 공연하는 이들의 목소리를 잘 울리게

했다고 해. 일종의 마이크를 숨겨 둔 거지.

보이지 않는 우물의 비밀과 함께 눈에 보이는 우물의 비극 또한 이곳 영수궁에 있어. 바로 '진비 우물'이야. 1900년 8국 연합군에 의해 북경이 함락되기 전날, 그러니까 서태후 일행이 서안으로 도망가는 날, 진비는 서태후에 의해 이곳 우물에서 '암살'돼. 그럼 진비珍妃는 누굴까? 광서제의 후궁이야. 광서제는 큰어머니이자 이모인 서태후의 지원으로 황위에 오르지만 평생 그녀의 꼭두각시 노릇을 했던 불운한 황제야. 세계사 시

✚ 진비의 죽음이 안타까웠을까, 우물 주변에 늘 사람들이 빼곡하다.

간에 배웠던 청나라의 근대적 개혁 정책인 '무술변법'을 시도했던 황제가 바로 광서제야.

연암이 보지 못한 곳을 본다는 즐거움으로 시작한 자금성 내궁 답사도 이제 마무리할 때가 되었어. 특별한 경우가 아니면 자금성에 들어온 이들이 마지막으로 들르는 곳은 어화원御花園이라는 황실 정원이야. 자금성 내에서 가장 큰 정원이자 가장 북쪽에 위치한 이곳은 갖가지 모양의 정자와 정교하게 설계된 산책로가 인상적인 곳이지. 명나라 초기에 조성된 이곳은 이후 수차례 개축되지만, 처음 조성되었던 구조를 거의 그대로 유지하고 있다고 해. 그러니까 약 600년 역사를 가진 '오래된 정원'인 거지.

갖가지 볼거리 중에서도 다소 이국적인 건물 앞으로 가보자. 2층 건물에 발코니가 있는 유일한 건물인 양성재야. '마지막 황제'의 스승 존

✚ 어화원 서편의 양성재養性齋는 동편의 강설헌降雪軒과 정확히 맞물리는 구조다. 양성재는 凹, 강설헌은 凸 모양인 것이다.

스턴은 1924년 이곳을 개인 집무실로 쓰게 돼. 중국 황제의 독점적 공간 일부가 외국인에게 주어진 거지. 그런데 그 이유가 다소 서글퍼. 당시 북경을 비롯한 중국 전역은 군벌 사이의 권력 투쟁이 끊이지 않았어. 전투와 살상이 일상화되어 있었지.

그런데 아무리 잔인무도한 군벌이나 병사라도 외국인 거주지는 함부로 침입할 수 없었어. 그래서 돈과 권력이 있는 중국인들은 외국인에게 자신의 집을 무료로 빌려주었대. 외국 국기를 내거는 조건으로 말이야. 그러니까 자신의 집을 일종의 '사설 조계'로 만들어 열강의 보호를 받으려 했던 거지. 만일의 사태를 대비해 자금성 내에도 그런 공간이 필요했

✚ 어화원 사신사四神祠 앞에서 부의와 타고르가 함께 찍은 사진이 남아 있다.

겠지. 그래서 위급상황 때 양성재에 영국 국기를 게양하는 책략이 논의되었고, 이를 위해 이곳을 영국인인 존스턴에게 제공했던 거야.

한 명의 외국인에게 신변을 의탁해야 했던 대청제국의 '마지막 황제'의 마음은 어땠을까? 그런데 나라를 잃었던 것이 부의溥儀만은 아니었어. 당시 우리 또한 일제에게 나라를 빼앗겼지. 이때 조선을 '빛나는 등촉燈燭의 하나'였고 곧 국권을 회복해 '동방東方의 밝은 빛'이 되리라고 노래했던 시인이 이곳을 방문했어. 바로 『기탄잘리』로 노벨문학상을 수상한 인도 시인 타고르야. 그 또한 영국에게 나라를 빼앗긴 식민지 인도 사람이었어.

★ 답사를 위한 마침표 ★

답사지 찾기

– 건청궁乾清宮[乾清宫, 첸칭궁]

외삼전을 통과하면 삼층의 기단을 내려가게 되는데, 그때 북쪽으로 마주하는 문이 건청문이고 이곳을 통과하면 곧 건청궁을 볼 수 있다.

– 영수궁寧壽宮[宁寿宫, 닝서우궁]

건청문을 바라보고 동쪽으로 이동하면 경운문景運門[景运门, 징윈먼]을 통과할 수 있는데, 계속 동쪽으로 이동하면 영수궁 구역으로 들어가는 매표소를 발견할 수 있다. 추가 요금을 내고 들어가면 곧바로 구룡벽을 볼 수 있다.

– 어화원御花園[御花园, 위화위안]

자금성을 구경하는 이들은 거의 대부분 북문인 신무문을 통해 밖으로 나가는데, 이때 반드시 어화원을 통과하게 되어 있다.

답사 포인트

– 건청문 앞을 지키고 있는 청동사자의 귀 확인하기!
– 건청궁 내의 정대광명正大光明 편액 확인하기!
– 구룡벽 동쪽 세 번째 백룡의 배 확인하기!
– 열시루 황제 자리에서 창음각 쪽을 바라보기!
– 어화원 동서 양쪽에 자리한 양성재와 강설헌의 전면부 확인하기!
– 어화원 사신사 앞에서 부의와 타고르처럼 사진 찍어 보기!

북 · 경 · 부 · 록 2

북경 중축선

연암이 몰랐던 중축선中軸線, 우리는 안다!

청나라 수도 북경에 대한 연암의 감탄은 『열하일기』 곳곳에서 발견돼. 연암은 북경의 성문과 대로 등이 제도에 따라 정연하게 배치된 것을 보고 '도성 하나가 바르게 되자 천하가 바르게 되었다'고 조금 과장되게 평가하기도 하지. 동서로 바다와 산맥을 거느린 북경성은 마치 거인과도 같아 북으로는 천하제일웅관天下第一雄關 거용관을 베고 남으로는 중국의 젖줄 황하를 옷깃처럼 두르고 있다고 '뻥'을 치기도 한단다.

그런데 200여 년 전 연암의 경탄이 과장만은 아닌 것 같아. 미국의 도시계획학자 에드먼드 베이컨이 '지구 표면 위에 있는 인류의 가장 위대한 설계'로 꼽은 것이 바로 북경성이기 때문이야. 하지만 연암은 북경성의 가장 중요한 축성 원리에 대해서는 전혀 언급하고 있지 않아. 방대한 『열하일기』 어디에도 북경 중축선中軸線에 대한 언급이 없는 거지.

연암 연행 당시 북경성의 기본적 구획은 명나라 때 이루어져. 명나라

제3대 황제인 영락제는 이곳이 원래 수도인 남경보다 북쪽에 위치하였기에 당시 북평北平이라 불리던 것을 북경北京으로 개명해. 그리고 대략

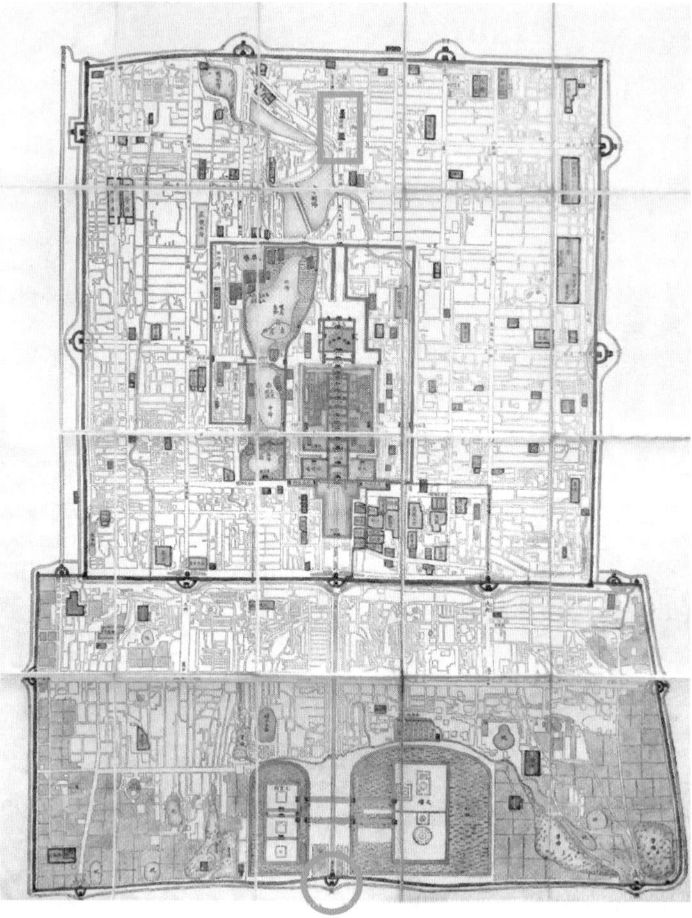

✚ '경사京師'는 한 나라의 수도를 나타내는 일반명사지만 여기서는 북경을 가리킨다. 동그라미가 영정문, 네모가 고루로 이 둘을 연결한 선이 중축선이다.

둘레가 10km에 달하는 북경 내성 안에 거대한 도시를 건설하지. 북경성을 완성한 후에는 잦은 이민족의 침략에 대비해 외성도 축성하는데 여러 이유로 내성의 남측만을 감쌌을 뿐이야. 그때부터 북경성은 정사각형 모양의 내성과 직사각형 형태의 외성이 위아래로 이어진 모양을 갖추게 되었단다.

북경 지역은 명나라 이전 왕조인 원나라의 수도이기도 했어. 그런데 원나라는 '오랑캐' 몽고족이 세운 나라였기에 한족인 영락제는 원나라 황궁을 모조리 부수고 그 위에 북경성을 구축해. 그런데 명나라가 그대로 계승한 원나라의 도시계획 원칙이 하나 있어. 앞서 언급했던 남북을 관통하는 중축선과 그에 따른 주요 도로와 건축물의 배치 원리야.

용맥龍脈이라고도 불리는 중축선은 북경 외성의 남쪽 문인 영정문永定門에서 자금성 뒤쪽의 종고루를 잇는 약 7.8km의 중심선이야. 원, 명, 청 왕조의 수도로 쓰인 북경성의 중심선이었지만 21세기 북경의 도시계획에서도 여전히 존중받고 있는 원리이기도 해. 예를 들어 중화인민공화

✚ 중축선상에 위치한 정양문에서 북쪽을 바라보면 서쪽에 인민대회당, 동쪽에 국가박물관이 보인다. 바로 앞 건물은 모주석기념당이다.

국 정치권력의 핵심인 인민대회당과 중국문화의 보물창고 국가박물관이 바로 중축선을 중심으로 마주 보고 있어.

연암은 북경성을 개관하는 글에서 영정문을 언급했고 또 영정문 인근에 있는 천단도 구경했으니 이곳을 모르진 않았을 거야. 그러나 이곳이 원나라 대도大都와 명나라, 청나라 북경北京의 중심축이었다는 사실은 몰랐던 것 같아. 지금까지 우리는 연암에게 일방적으로 배우면서 많은 것을 빚졌지. 그 빚을 갚는다는 마음으로 중축선을 공부해 보자. 이제 우리는 중국 황제를 상징하는 용, 그 혈맥을 따라가며 '노북경老北京'이라 불리는 지역을 관통할 거야.

영정문은 연암의 기록대로 외성의 정남쪽 문이야. 7개 외성의 성문 중에서 규모가 가장 크지. 예로부터 사람들이 북경의 남쪽에서 북경성으

✚ 현재 영정문은 전루와 옹성은 없이 달랑 성루만 복원되어 있다.

로 들어올 때 사용한 문이었어. 1950년대 북경이 확장되면서 통행상의 이유로 철거되었다 최근에야 공원으로 복원되었지. 500여 년 전 '영원안정永遠安定'을 기원하며 이름 짓고 세워졌던 것과는 무척 상반된 결과이자 현실이지.

현재 영정문 일대는 '영정문공원'으로 조성되어 있어. 일직선으로 뻗은 가로수 길은 내성의 남쪽 정문인 정양문으로 이어져. 제국의 심장으로 향하는 이 길은 '하늘의 아들天子'을 만나러 가는 것처럼 아득한 천상으로 오르는 느낌을 줘. 마치 하늘에 제사를 지내는 천단 기년전祈年殿으로 이어지는 단계교丹階橋가 미세하게 높이가 상승해 공중으로 떠오르는 착각을 주는 것처럼 말이야.

그렇게 천안문광장 쪽으로 북진하다 보면 새롭게 단장하긴 했지만

✚ 소실점에 위치한 것이 북경 내성의 정문 정양문이다.

고풍스러움을 간직한 상가 거리, 전문대가前門大街로 이어져. 이곳에는 수백 년 역사를 가진 가게가 즐비하단다. 노자호老字號라고 불리는 이들 가게 중 '동인당同仁堂'이라는 약국과 '도일처都一處'라는 음식점은 연암이 북경에 오기 전부터 영업을 하던 곳이야. 북경오리 '카오야(烤鴨)'로 유명한 '전취덕全聚德'은 150년 정도 되었으니 좀 과장하면 '신규 업장'에 불과하지.

이 거리의 이름에 쓰인 전문前門의 공식 명칭은 정양문正陽門으로 북경 내성의 아홉 개 성문 중 가장 규모가 크고 중요한 문이야. 연암이 북경에 갔을 당시 조선사신관을 남관이라 불렀는데, 이곳이 정양문 좌우의 성벽 가까이 위치하고 있었기에 그런 이름이 붙었지. 정양문은 현재 성루와 전루가 복원되어 있어 북경성 성문의 옛 모습을 그나마 간직하고 있어. 그 상징성 때문인지 북경에서 지방도시까지의 거리를 재는 기점(中國公路零公里点, Zero Point of Highways China)으로 활용되기도 해.

한 나라를 상징하는 공식적인 휘장을 통틀어 국장國章이라고 하는데, 우리나라의 경우 무궁화 꽃잎 다섯 개가 태극을 감싸고 있는 모양이야.

✚ 정양문 성루로 좌우의 성벽은 이제 사라졌다.

✚ 정양문正陽門이라는 돌 편액 아래로 '제로 포인트'가 보인다.

그럼 중국 국장에는 어떤 이미지가 들어가 있을까? 바로 천안문이야. 이곳은 과거와 현재를 막론하고 중국의 상징적 공간인 거지. 그래서 중국인들도 평생 한 번쯤은 천안문에 와보는 것을 소원한다고 해.

✚ 중국 국장

북경 나아가 중국의 상징으로 여겨지는 천안문광장, 그러나 연암 연행 당시 이곳은 '광장'이 아니라 거대한 담장으로 둘러쳐진 황제의 독점 공간이었어. 바로 그 앞에는 하늘의 뜻을 받들어 땅의 백성을 다스리는 황제가 '천서天書'를 받던 장소 천안문이 자리 잡고 있지. 그러다 1949년 황제 1인의 권력이 인민에게로 돌려졌다고 선언한 중화인민공화국 선포 이후 광장으로 개방되었던 거야.

✚ 천안문을 사이에 두고 남북 양쪽으로 화표가 한 쌍씩 서 있는 것을 확인할 수 있다.

천안문 안팎에는 각각 한 쌍의 돌기둥이 서 있어. 이를 화표華表라 하는데 승천하는 용을 원형 기둥에 새기고 상단에는 좌우로 구름 문양의 조각을 결합한 거야. 기둥머리에는 동물 한 마리가 앞을 응시하고 있는데, 이를 망천후望天犼라고 하지. 이 동물은 선악을 판단하는 힘이 있다고 해. 그런데 천안문 밖의 망천후는 천안문광장 쪽, 즉 남쪽을 보고 있고 문 안쪽의 망천후는 북쪽인 자금성 쪽을 바라보고 있어.

전자는 군주가 오랫동안 성 밖으로 나가 백성들을 고통스럽게 하면 "깨어나시오. 성으로 돌아와 정무에 힘쓰시오"라고 소리친다 해서 '망군귀望君歸'라 하고, 후자는 황제가 궁 안에서 주색에 빠져 자신의 소임에 소홀하면 "깨어나시오. 성을 나가 민정을 시찰하시오"라고 외친다 해서 '망군출望君出'이라 하지. 연암도 이 화표가 무척 인상적이었나 봐. '기둥머리에 앉힌 물건은 무슨 형상인지 알아낼 수 없으나 모두 무엇을 잡아치는 형상이며, 천안문 밖에도 역시 이런 것이 한 쌍 있었다'고 기록하고 있거든.

자금성의 주요 전각들, 그러니까 외삼전인 태화전-중화전-보화전과 내삼궁인 건청궁-교태전-곤녕궁은 모두 중축선상에 위치해. 이를 중심

✚ 천안문 바깥쪽 화표로 꼭대기에 남쪽을 바라보는 망군귀가 서 있다.

으로 부속 건물들 또한 좌우로 배치되지. 이처럼 우리는 중축선상을 걸으며 답사를 하지만 이것이 하나의 연결된 선이라는 느낌을 받지 못하지. 남북을 관통하는 중축선을 한눈에 확인할 수 있는 곳은 없을까? 딱 한 곳 있어. 바로 자금성 뒤에 위치한 경산공원이야.

이곳 정상의 만춘정萬春亭에서 남쪽을 바라보면 중축선을 중심으로 배치된 자금성 주요 전각을 한눈에 확인할 수 있어. 중축선의 시작점 영정문은 보이지 않지만 자금성 전각의 겹쳐진 지붕을 통과하는 가상의 연장선상에 영정문이 있음은 짐작할 수 있지. 뒤쪽으로 돌아 북쪽으로 눈길을 던지면 중축선의 북쪽 끝 고루와 종루도 볼 수 있어. 길로 통하지는 않지만 상징적 기준선으로서의 중축선이 여전히 건재하다는 사실이 눈으로 확인되는 순간이야.

중축선의 북쪽 끝 지점에는 600여 년 넘게 시간을 알리던 고루와 종

✚ 자금성의 북문인 신무문과 주요 전각의 지붕이 나란히 겹쳐 있음을 확인할 수 있다.

✚ 사진의 정중앙 멀리에 위치한 것이 중축선의 북쪽 끝 고루다.

루가 자리 잡고 있어. 신종모고晨鐘暮鼓의 원리에 따라 새벽에는 종을 치고 저녁에는 북을 쳐 시간을 알렸던 거지. 1900년 8군 연합군의 북경 함락 당시 일본군이 고루의 북을 찢어 버림으로써 원, 명, 청 3대 왕조에 걸쳐 이어진 고대의 시계는 그 기능을 멈추게 돼.

영정문에서 출발해 북경의 중심 자금성을 통과한 중축선이 시간을 관장하던 고루와 종루까지 이어졌다는 사실은 의미심장해. 개별적 인간과 그 집합인 인류를 제어하는 절대적 원리는 시간이야. 하늘로부터 그 시간을 관장하는 권리를 위임받은 존재가 황제라면 그가 거처하는 공간의 기본적 축성 원리인 중축선이 이곳에서 끝난다는 점은 남다른 의미가 있지. 보이진 않으나 근본적으로 삶을 지배하는 시간을 공간적으로 확인할 수 있는 곳이 바로 종고루인 거야.

2008년 올림픽이 북경에서 열렸을 때 세계의 이목을 집중시킨, 새 둥지를 닮은 메인스타디움 '냐오차오鳥巢'를 기억하니? 이곳을 포함한 북경올림픽공원은 놀랍게도 고루에서 멈춘 중축선을 북쪽으로 확장시킨 곳에 위치해. 세계의 중심으로 새롭게 부상하는 중국을 상징하는 가장 중요한 공간이 중축선상에 있다는 사실은, 중축선이 갖는 의미를 다시금 생각하게 하지.

★ 답사를 위한 마침표 ★

『열하일기』에서 찾기

- 『황도기략』, 「황성구문」
- 『황도기략』, 「만수산」
- 『황도기략』, 「천단」

답사지 찾기

– 영정문永定門[永定门, 융딩먼]

영정문은 북경 지하철 14호선 영정문외永定門外[永定门外, 융딩먼와이]역에서 하차해 도보로 이동할 수 있다.

– 전문대가前門大街[前门大街, 첸먼다제]

전문대가는 보통 북경 지하철 2호선 전문前門역에서 내려 접근하지만, 그것보다는 7호선 주시구珠市口[주스커우]역에서 내려 남쪽에서 북쪽으로 이동하며 둘러보길 권한다.

– 천안문天安門[天安门, 톈안먼]

북경 지하철 1호선 천안문동天安門東[天安门东, 톈안먼둥]역이나 천안문서天安門西[天安门西, 톈안먼시]역에 하차하면 된다. 인근에는 차량이 주차할 수 없다는 점을 염두에 두어야 한다.

– 종고루鍾鼓樓[钟鼓楼, 중구러우]

종고루는 북경 지하철 십찰해什刹海[스차하이]역에 하차하면 곧바로 찾을 수 있다.

답사 포인트

- 영정문공원에서 북쪽으로 바라보며 중축선 일부 확인하기!
- 전문대가에서 노자호 방문하기!
- 정양문 성루에 올라 중축선 남쪽과 북쪽 확인하기!
- 천안문 앞뒤 화표의 망군후 방향 확인하기!
- 고루에 올라 중축선 남쪽 확인하기!
- 경산공원에 올라 남북으로 중축선 확인하기!
- 종루에 올라 북쪽으로 확장된 중축선 확인하기!

3부

연암의 열하

열하1 고북구장성

연암이 열하로 가는 동안 가장 원했던 것은?

북경에 도착한 연암은 날씨 때문에 숙소에서 쉬기도 하고 인근의 '유리창'을 구경하며 '해외여행' 온 기분을 만끽하지. 북경에 도착했다는 보고를 했는데도 청나라 예부에서 별다른 지시가 없었기 때문에 마음 편히 구경할 수 있었던 거야. 북경에서의 넷째 날에도 바깥 구경을 잘 하고 술도 거하게 먹고는 돌아와 한숨 자. 목이 타 밤중에 깨니 팔촌 형님이자 사행단의 대표인 박명원이 부르네. 거처로 갔더니 꿈 이야기를 해.

"아까 잠깐 졸았더니 꿈결에 열하로 가는데 행렬의 짐 보따리까지 또렷하네 그려."

연암은 사행의 대표로서 지나치게 염려하다 보니 그게 꿈으로까지 나타난 것이라고 대수롭지 않게 말하곤 다시 코를 골며 자버려. 실제로 연암 일행은 압록강을 건넌 이후 잦은 비로 정상적인 여정을 소화하지 못했어. 비로 물이 불어 며칠째 강을 건너지 못할 때 박명원은 근심스레 연암에게 말했던 적이 있어.

"세상일에는 짐작할 수 없는 것이 있네. 만에 하나라도 우리 사신에게 황제의 생일 전에 열하로 오라는 명이 내리면 날짜가 부족할 것이니 장차 어찌할 것인가?"

✚ 건륭제

그런데 염려했던 바로 그 일이 발생하고야 말아. 당장 열하로 가라는 예부의 명령이 떨어진 거야. '이제 황제의 뜻을 받들어 이르노니 조선에서 온 정사와 부사가 열하에 와서 예를 행할 것이니 즉시 이 뜻을 조선 사신에게 전하고 열하로 같이 가게 하라. (……) 내일은 곧 떠나게 하라. 이것을 특히 분부하는 바다. 8월 초4일 초저녁.'

연암 일행은 물이 끓는 것과 같은 한바탕 소란을 겪고 남겨진 일행들과 생이별을 한 후 급히 숙소를 나서. 연암은 숙소를 출발한 후 지안문地安門으로 들어갔다고 했는데, 농선을 고려할 때 서안문으로 들어가 지안문으로 나왔을 가능성이 높아. 또 3층 처마의 누대를 종루鐘樓라고 기록했는데, 고루鼓樓가 맞고. 연암도 바쁘고 정신없긴 마찬가지였나 보다. 일행은 북경 내성의 동쪽 북문인 동직문을 통해 성 밖으로 나오지.

지름길을 몰라 길을 헤맸던 일행은 손가장孫家庄이라는 곳에서 하루를 묵는데 이곳은 최근 유명 관광지로 떠오른 '798예술구藝術區'가 위치한 곳이야. 다음 날 일행은 새벽에 길을 나서 순의현順義縣을 지나. 현재 북경 지도에서 이상의 지역을 연결하면 경밀로京密路가 돼. 이 도로의 서북쪽이 북경 한인 밀집 주거지역인 '망경望京[왕징]'이지. 연암은 그 길을 걸으며 200여 년 후 후손들이 이곳에 모여 살 것을 상상이나 했을까. 하긴 연암은 그때도 '고려高麗'라는 이름이 붙은 마을, 병자호란 당시 끌려왔던 조선 유민들이 정착한 곳을 여럿 지나긴 했어.

현재 북경에서 열하를 연결하는 국도는 연암이 갔던 길과 거의 그대로 겹치는데, 그 거리가 230km에 육박해. 그런데 연암 일행이 출발한 지 이틀째 되는 날, '늦어도' 8월 9일 아침까지 열하에 도달해야 한다는 소식이 전해져. 평탄한 길도 아니고 숱한 강과 산을 건너고 넘어야 하는 여정인데 말이야. 연암 일행은 이 '미션 임파서블'을 수행할 수 있었을까? 북경에서 열하까지의 여정을 기록한 『막북행정록』이 8월 9일에 끝났으니 결과를 짐작할 수 있겠지.

하루에 50km 이상을 나흘 연속 이동해야 했으니 연암 일행은 거의 잠을 자지 못했어. 하인들은 발길을 멈추면 서서 졸고 연암 또

✚ 연암이 건넜던 조하와 백하의 물길은 이제 밀운저수지가 되었다. 하성재贺成才라는 현대 작가의 〈밀운수고-생명지원密云水库-生命之源〉이라는 작품이다.

한 졸음을 견디지 못하지. '눈꺼풀이 무거워 구름장이 드리운 듯 덮이고 하품은 파도가 밀려오듯 쉴 새 없이 나온다.' 급기야 연암은 길옆 바위에 이런 다짐을 해.

> 내 장차 연암 산중 집으로 돌아가면, 일천하고도 하루를 더 자서 송나라 은자인 희이 선생보다 하루를 더 자리라. 우렛소리처럼 코를 골아 천하의 영웅들이 젓가락을 놓치게 할 것이며, 미인들로 하여금 놀라 달아나게 할 것이다. 그러지 못한다면 나는 저 돌이 되리라.
>
> – 『막북행정록』, 「8월 초8일 갑인일」

그런데 정신을 차리고 보니 그것도 꿈이었대.

열하로 가는 험난한 여정은 그러나 연암의 사유를 풍요롭게 했고 우리에게는 더할 수 없는 행운으로 남게 되었단다. 고북구장성古北口長城을 통과하며 얻은 호방한 기개와 조하潮河를 수차례 건너며 건져 올린 깊은 사유는 각각 「야출고북구기夜出古北口記」와 「일야구도하기一夜九渡河記」로 기록되었고 우리에게 여전히 큰 감동을 주고 있기 때문이지.

후자는 「하룻밤에 아홉 번 강을 건넌 이야기」라는 제목으로 문학 교과서에서 자주 보는 글이라 익숙하지만 전자는 조금 낯설지. 창강 김택영이 『연암집』을 발간하면서 '조선 5천 년 이래 최고의 명문장'

✚ 앞으로 보이는 마을이 고북구이고 마을을 안아 흐르는 물길이 조하다. 오른쪽 방향이 열하로 가는 길이다.

✚ 연암은 이 문을 통과해 고북구 마을로 들어섰다.

✚ 고북구 마을의 이 돌다리를 연암 일행은 건넜으리라.

이라고 평했던 글이 바로 「야출고북구기」야. 그런데 문장보다 더 호쾌한 건 연암의 행적이란다. 『막북행정록』 8월 초7일 기록을 보자.

> 장성에 이름을 쓰려고, 칼을 뽑아 벽돌 위의 짙은 이끼를 긁어 내고 붓과 벼루를 주머니에서 꺼내 성 밑에 벌여 놓고 사방을 살펴보았으나 물을 얻을 수 없었다. 성 안에서 잠시 술을 마실 때 몇 잔을 남겨서 안장에 매달아 밤샐 것을 준비한 일이 있었는데, 이를 모두 쏟아 밝은 별빛 아래에서 먹을 갈고, 찬 이슬에 붓을 적셔 여남은 글자를 썼다.

✚ 현재 북경에서 국도가 아닌 고속도로를 이용해 열하로 갈 경우 고북구장성이 아닌 금산령장성 아래 터널을 통과하게 된다.

연암은 무엇이라고 적었던가? '건륭 45년 경자 8월 7일 밤 삼경에 조선 박지원이 이곳을 지나다.' 수백 년 세월에 연암이 만리장성 성벽에 쓴 글씨는 씻겨 버렸겠지만, 연암이 남긴 세계 최고의 여행기 『열하일기』와 장한 기상은 결코 사라지지 않겠지. 연암의 흔적을 간직하고 있는 고북구장성은 많이 허물어졌지만 그것 또한 색다른 멋으로 여전히 우리를 맞아 준단다.

연암이 열하 일정을 마치고 북경으로 돌아올 때는 낮에 고북구성을 통과했어. 그래서 이곳을 자세히 묘사할 수 있었지. '산꼭대기에 잇달아 성을 쌓았으므로 높았다 낮았다 하고 구불구불하다. 그 요충지에는 속이 텅 빈 돈대墩臺를 세웠다.' 이는 연암이 고북구성을 좌우에서 둘러싸고 있는 와호산臥虎山과 반룡산蟠龍山 위의 장성을 묘사한 건데, 지금도 두 장성은 웅장한 자태를 뽐내고 있어.

✚ 와호산장성 아래에 있는 고북구역

연암보다 10년 늦게 이곳을 지나며 고북구를 묘사한 이도 있었어. 연암의 제자인 영재 유득공이야. 그가 쓴 『열하기행시주』, 「고북구」에는 이런 안타까움이 고스란히 기록돼 있어. '사람들은 고북구라는 이름을 들으면 웅장하고 험한 것으로만 생각하지 이렇게 예쁘고 아기자기한 광경이 있는 줄은 모른다.' 어때, 연암의 기상과 영재의 섬세함으로 고북구장성에 한번 서보고 싶지 않니?

✚ 최근에 일부 구간이 복원돼 가벼운 트레킹이 가능하다.

★ 답사를 위한 마침표 ★

『열하일기』에서 찾기

– 『막북행정록』, 「가을 8월 5일 신해」

– 『막북행정록』, 「6일 임자」

– 『막북행정록』, 「7일 계축」

– 『막북행정록』, 「8일 갑인」

답사지 찾기

– 동직문東直門[东直门, 둥즈먼]

동직문은 북경 지하철 2, 13호선 동직문东直门역에 하차하면 되지만 이름만 남아 있을 뿐 문의 흔적을 찾을 순 없다.

– 고북구장성古北口長城[古北口长城, 구베이커우창청]

고북구장성은 북경에서 열하로 가는 도중에 있는데, 새로 난 고속도로에서 벗어나 있기에 대중교통으로 이동하기가 어렵다. 북경에서 북동쪽으로 약 120km 떨어져 있고 승용차를 이용할 경우 편도 2시간 정도 소요된다.

답사 포인트

– 연암 숙소 서관 근처에서 동직문까지의 이동로를 지도에서 확인하기!

– 북경수도공항에서 북경 시내를 들어오는 도로가 곧 연암이 이동했던 길임을 확인하기!

– 반룡산장성에 올라 고북구 마을 조망하기!

– 고북구 마을에서 연암의 이동 경로를 따라 마을 둘러보기!

열하2 쌍탑산 · 경추산 · 열하 문묘

연암을 환영한 열하의 이상한 돌기둥!

우리에겐 연암의 『열하일기』로 익숙한 지명 열하熱河, 이름 그대로 이곳엔 온천이 많아 한겨울에도 강물이 얼지 않았다고 해. 그래서 붙여진 이름이지. 그러나 지금 중국인들에게 열하는 무척 낯선 지명이야. 그들은 이곳을 '승덕承德[청더]'이라고 해. 그런데 이름이 바뀐 게 최근의 일은 아니야. 연암이 방문했을 때 이곳의 공식 지명도 승덕이었던 거지.

앞서 여러 차례 설명했지만 연암을 포함한 조선 사신단이 북경을 거쳐 열하에 온 건 청나라 건륭제의 일흔 번째 생일을 축하하기 위해서야. 연암이 열하에 도착한 1780년은 건륭제가 황위에 오른 지 45년째 되던 해고, 건륭제의 아버지 옹정제가 세상을 뜬 지 딱 그만큼의 시간이 흐른 때야. 옹정제가 그의 아버지인 강희제의 덕

✚ 톨게이트에 '승덕承德'이라는 지명이 뚜렷하다.

정德政을 찬양해 이미 승덕으로 개명을 했으니 연암이 열하에 오기 한참 전의 일이지.

연암은 북경을 출발하면서 '열하까지의 걸음은 우리나라 사람으로는 처음 있는 일'이라며 기대와 벅찬 심정을 숨기지 않았어. 그

✚ 연기가 나오는 굴뚝 바로 앞 물길이 난하로 연암 일행은 이곳을 건너 열하에 도착했다.

런 그를 맨 먼저 맞아 준 건 무엇이었을까? 열하 전체를 넓게 휘감고 두르는 난하灤河는 연암 일행이 지겹도록 건너야 했던 마지막 강이었어. 그런데 강을 건너 열하에 발을 딛자 전혀 예상치 못했던 풍광이 펼쳐져.

> 한 산모롱이를 지나치니, 언덕 위에 돌을 깎아 세운 듯한 봉우리가 탑처럼 마주 서 있어서, 하늘이 기교한 솜씨를 보이는 듯 높이가 백여 길이나 된다. 그리하여 쌍탑산雙塔山이란 이름을 얻은 것이다.
>
> –『막북행정록』, 「8월 초9일 을묘」

연암의 묘사가 이해되니? '쌍탑산'이란 이름만 들으면 탑 두 개가 마주 보고 있나 싶지? 틀린 말은 아니지만 실제로 나란히 서 있는 건 거대한 돌기둥 둘이야. 그것도 인공적으로 깎거나 세운 것이 아니라 오랜 세월 비바람에 씻기고 깎인 모습 그대로의 자연석이지. 그 돌기둥 꼭대기에는 사람이 쌓은 조그만 탑이 마주 보고 서 있긴 해. 연암은 북경으로 돌아가는 길에도 한 번 더 그림을 그리듯 근사하게 쌍탑산을 기록하지.

> 우뚝 솟아 서로 마주 보고 있으며, 아래위의 넓이가 똑같아서 무엇에 의지하거나 기대지 않았다. 치우치거나 기울지도 않고, 반듯하게 수직으로 서고 단정 엄숙하며 교묘하고 화려하고, 웅장하여 특

✚ 현재는 리프트를 이용해 쉽게 오를 수 있다.

이하다. 햇살이 비치고 구름이 끼어 마치 비단을 감아 놓은 것 같다.

– 『환연도중록』, 「가을 8월 15일 신유」

쌍탑산은 강희제가 열하의 빼어난 열 곳의 비경 중 제1경으로 꼽을 만큼 그 풍광이 기막혀. 풍화작용에 의해 형성된 각각 30m, 35m의 돌기둥도 기이하지만, 그 꼭대기에 탑을 세운 1,300여 년 전 사람들의 솜씨와 상상력도 놀랍지. 그런데 쌍탑산에 이런 볼거리만 있는 게 아니야. 이곳을 오르면 주변은 온통 기암괴석이고, 운만 좋다면 야생원숭이도 볼 수 있어. 연암은 갈 수 없던 쌍탑산 정상을

지금은 리프트로 편하게 구경하는 것도 답사의 즐거움이지.

그런데 놀라운 풍광은 여기서 끝나지 않아. 이번에는 하나의 돌기둥이, 그러나 더 높은 곳에 더 큰 규모로 우뚝 솟아 있어. 사람들이 흔히 '하느님의 엄지손가락'이라 부르는 봉우리야. 이 거대한 돌기둥의 높이는 약 40m이고 무게는 약 16,000t 정도 된대. 이게 해발 600m의 산 정상에 서 있으니 열하 어디서든 보일 것이고, 그래서 당시에도 지금도 열하의 랜드마크가 된 거지. 연암의 묘사야.

열하에서 곧바로 서쪽 방향에는 봉추산棒捶山의 한 봉우리가 있는데, 우뚝하게 솟아 있는 모습이 마치 다듬이 방망이를 세워 놓은 것 같다. 높이는 백여 길이고, 곧바로 솟아 하늘을 지탱하고 있으며, 넘어가는 석양의 햇빛이 비끼어 찬란하게 황금빛을 반사한다. 강희 황제가 산의 이름을 경추산磬捶山으로 바꾸었다고 한다.

조선인으로서 열하에 처음 온 연암 일행을 쌍수 들어 환영하는 듯했던 쌍탑산에 이어 경추산 또한 당신들이 최고라고, 그 힘든 길을 어찌 그리 용케도 왔느냐고 엄지손가락을 치켜들어 칭찬해 주는 것 같지 않니. 경추산 바로 아래쪽 바위에는 연암이 보았던 경추산에 비낀 저녁놀을 묘사한 시가 노을빛으로 새겨져 있어. 이것은 경추산을 바라보기만 했던 연암과 달리 이곳에 올라 저 멀리 열하 피서산장 너머로 지는 석양을 보며 쓴 강희제의 작품이야.

나흘 동안 제대로 된 숙소에서 잠다운 잠을 못 잔 연암 일행은 드디어 열하의 태학에 도착해. 열하에 머무는 동안 조선 사신단에게 배정된 숙소가 바로 이곳이지. 열하 태학은 열하 문묘의 부속 건물로 1776년에 짓기 시작해 연암 일행이 열하에 도착하기 한 해 전인 1779년에 완성돼. 이곳은 황제가 열하에 행차했을 때 외빈의 숙소로 사용되었던 곳이야.

그런데 연암에겐 이곳이 비단 잠자는 숙소만은 아니었단다. 청나라 학자와 벼슬아치를 만나고 그들과 대화하는 중요한 '카페'이

✚ 열하 문묘의 대성전은 태학과 함께 지어졌으나 태학보다는 한 해 뒤인 1780년 5월경, 그러니까 연암이 도착하기 3개월 전에 완성된다.

기도 했어. 열하 도착 직후 쌍탑산과 경추산 같은 인상적인 구경거리를 본 것과 달리 그 이후 일정에서 연암은 구경을 많이 하지 못해. 공식 수행원이 아니었기에 황제가 거처하는 피서산장을 마음대로 돌아다닐 수도 없었고, 그곳에서 열린 만수절 축하 연희를 보는 데도 제약이 많았던 거지.

그래서 이런 재밌는 장면도 연출돼. 열하 도착 나흘째 되던 날, 연암은 피서산장에 가 연희를 구경하지. 그런데 잘 보이지 않아 발꿈치를 들고 낑낑대고 있노라니 옆 사람이 걸상 하나를 가져다주며 그 위에 올라서서 구경하라고 하네. 연암은 염치 불구하고 한 손으론 그의 어깨를 삽고 다른 한 손으로는 문 위에 가로로 댄 나무를 잡고 한참 관람을 하지. 연암은 그런 자신의 모습이 스스로도 우스웠던지 '살찐 물오리가 횃대에 서 있는 것' 같다고 묘사해. 한덩치 했던 연암이니 '물 찬 제비'가 아니라 '살찐 물오리'가 맞긴 맞아.

상황이 이러니 사람을 만날 수밖에. 그 수가 얼마나 많았던지 연암은 열하에서 붓으로 '만난' 벗들의 이력을 간단하게 기록한 글도 따로 남겼어. 『열하일기』 기록에 따르면 연암은 정사와 함께 열하 태학 명륜당의 뒤쪽 건물 중 오른쪽 방을 처소로 삼아. 자신의 숙소 뒤쪽에 머물던 왕민호와는 온갖 것에 대해 토론하는데, 새벽 4시경에 시작해 저녁 6시까지 약 열네 시간 동안 붓으로 이야기를 나누기도 해. 이때 연암은 놀라운 이야기를 하지. 지금 읽어 보아도 정확한 지동설을 주장하는 거야.

✚ 연암은 정사와 함께 명륜당 뒤쪽 대청의 오른쪽 방을 썼다고 기록하고 있는데 바로 이곳이 연암의 숙소를 복원한 곳이다.

서양 사람들은 지구가 둥근 건 인정하지만 돈다고 말한 적은 없으니, 이는 지구가 둥근 줄은 알면서 둥근 것이 반드시 회전한다는 사실은 모르는 셈입니다. 그러므로 저는 저 땅덩어리가 한 번 구르면 하루가 되고, 달이 땅덩어리를 한 바퀴 돌면 한 달이 되며, 해가 땅덩어리를 한 바퀴 돌면 한 해가 된다고 생각합니다.

–『곡정필담』

연암이 잘난 척(?)하고 있지만 사실 이 학설은 담헌 홍대용의 것이었어. 연암은 다른 사람과의 필담에서 또 친구 담헌을 '팔아먹어.' 육비陸飛라는 당대 청나라의 유명한 화가이자 학자의 안부를 물어 그를 깜짝 놀라게 했던 거지. 사실 육비는 담헌이 북경에서 만나 교우했던 친구로, 연암은 담헌을 통해 그의 이름만을 알고 있었을 뿐이야.

어떻든 연암은 닷새 만에 든 깨끗하고 편안한 숙소에서 바로 잠들었을까? 아니야. 연암은 자신의 처소 바로 옆에 묵던 청나라 관리와 한참 필담을 나눈 뒤에도 쉽게 잠들지 못해. 책임감으로 애가 닳았을 정사 박명원은 이미 잠든 지 오래인데, 연암은 '이렇게 달 밝은 밤에 술을 마시지 않는다면 무얼 하겠는가?'라며 술을 잔에 가득 부어 털어 넣곤 밖으로 나가. 긴장이 풀리고 피곤이 몰려 왔는지 다른 일행들은 서로 다리를 걸치고 요란하게 코를 골며 곯아떨어졌어.

연암은 탄식해. '아아, 애석하구나. 이렇게 아름다운 밤, 좋은 달

밤에 함께 놀 사람이 없으니.' 담배를 붙여 문 연암은 명륜당 뒤뜰의 오래된 나무를 쳐다보지. 우거진 가지와 이파리는 하늘을 덮었고 이슬이 잎사귀마다 구슬처럼 매달려 있어. 그리고 이슬방울이 달빛에 반짝이며 진주처럼 빛나는 걸 한참 구경해. 그래도 무료했던지 연암은 달그림자와 장난을 치고 혼자 놀아. 그렇게 기막힌 열하의 첫날 밤이 깊어 가지.

✚ 건물이야 연암 당시의 것이 아니지만 이 나무만은 그때를 기억하고 있으리라.

✚ 연암은 바로 이곳에서 달그림자와 놀았을 것이다.

★ 답사를 위한 마침표 ★

『열하일기』에서 찾기

- 『막북행정록』, 「8월 초9일 을묘」
- 『태학유관론』, 「12일 무오」
- 『곡정필담』
- 『태학유관론』, 「가을 8월 9일 을묘」
- 『환연도중록』, 「가을 8월 15일 신유」

답사지 찾기

– 쌍탑산雙塔山[双塔山, 솽타산]

쌍탑산은 승덕承德[청더] 시내에서 다소 벗어나 있다. 피서산장을 기준으로 서쪽으로 약 13km 정도 떨어져 있으며, 승용차로 30분 정도 소요된다.

– 경추산磬捶山[磬锤山, 칭추이산]

경추산은 현재 경추봉磬锤峰[칭추이퐁]이라 불리며 피서산장의 동쪽에 위치한다.

– 열하 문묘熱河文廟[热河文庙, 러허원먀오]

열하 문묘는 피서산장 남측에 위치해 있으며 피서산장 정문에서 승용차로 이동할 경우 10분 정도 소요된다.

답사 포인트

- 난하를 건너며 연암이 보았던 지점에서 쌍탑산 바라보기!
- 쌍탑산에 올라 연암의 묘사와 두 봉우리를 대조하기!
- 경추산에 올라 승덕承德 시내 조망하기!
- 열하 문묘 내 복원된 연암의 숙소와 뜰 확인하기!
- 연암이 바라보았을 열하 태학 내 고목 찾아보기!

열하3 피서산장

연암의 피서산장 구경도 반쪽짜리다?

지금도 열하는 중국인들에게 여름 여행지로 유명해. 상대적으로 서늘한 기후와 아름다운 산과 호수가 만들어 내는 풍광도 그만이지만 도시 전체에 세계문화유산으로 지정된 유물이 가득하기 때문이야. 그런데 이곳은 자연 발생적인 거주지가 아니라 특별한 목적을 갖고 건설된 계획도시였어. '중국 봉건사회의 마지막 발전상을 보여 주는 진기한 역사적 자취'를 남겨 준 이는 청나라 강희제야.

그는 재미있는 기록을 많이 갖고 있는 황제야. 재위 기간이 61년으로 중국 황제 중 가장 오래 나라를 다스렸고, 50명이 넘는, 가장 많은 자식을 낳은 황제이기도 해. 당시 유럽의 '태양왕' 루이 14세에 비견되기도 하는 그는 세계에서 가장 오랫동안 지속된 번영기 '강건성세康乾盛世'의 기반을 다진 성군이기도 하지. 중국의 전 주석 호금도胡錦濤[후진타오]가 가장 본받아야 할 인물로 강희제-옹정제-건륭제를 꼽기도 했어.

강희제가 긴 재위 기간으로만 후대에 높이 평가되는 건 아니야. 그가 얼마나 성실하게 나라를 다스렸는지 보여 주는 일화가 있어. 강희제는 일종의 출장이라고 할 순행

✚ 강희제

✚ 승덕承德 시내 한복판 로터리에 강희제의 동상이 서 있다.

때를 제외하곤 매일 새벽 자금성 건청궁 앞에서 신하와 함께 국정을 논했다고 해. 그리고 최종 결정을 내리고 사인을 했겠지. 그런데 당시 필기구는 붓이라 겨울에는 물이 얼어 사용할 수 없었어. 그러자 강희제는 '따뜻한 벼루'를 고안하면서까지 공무에 게으르지 않았다고 해.

열하의 피서산장避暑山莊 또한 강희제가 처음 조성하기 시작했어. 그리고 손자 건륭제에 이르는 90년 동안 증축을 계속했지. 피서산장은 궁궐, 호수, 초원, 산으로 나뉜 네 지역이 긴 성벽으로 둘러

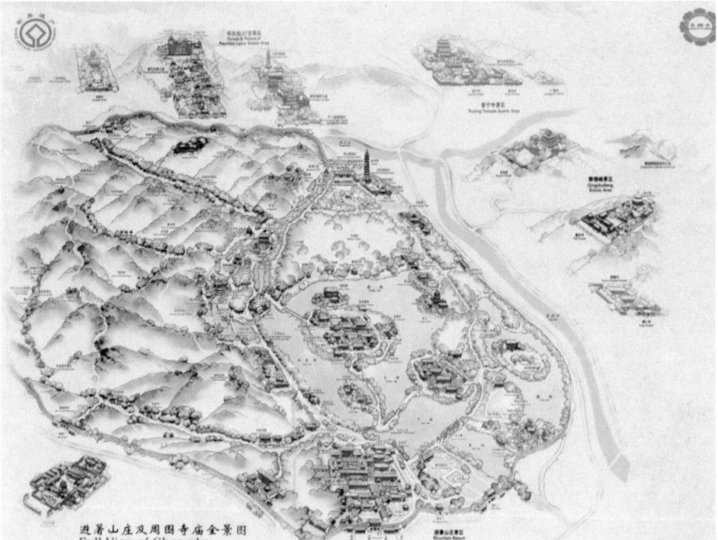

✚ 피서산장 안내도로 남쪽의 궁궐, 중앙의 호수, 북쪽의 초원, 서쪽의 산악 지역을 확인할 수 있다.

싸여 있어. 이는 서부의 산간지대, 동북의 초원, 그리고 남부의 호수로 이루어진 중국 영토 전체를 축소해 이곳에 담으려는 의도였다고 해.

둘레가 8km에 달하는 곤명호昆明湖와 여기서 파낸 흙으로 쌓은 만수산萬壽山이 있는 이화원Summer Palace은 사실 열하 피서산장Imperial Summer Villa을 본떠 증축한 거야. 서태후가 국고를 헐어 가며 무리하게 공사한 결과 왕조의 몰락을 앞당겼다는 불명예를 뒤집어쓴 이 화원은 사실 피서산장의 반 정도 규모밖에 되지 않아.

그런데 연암이 본 열하는 단순히 피서지가 아니었어. 그건 전성기 청나라 황제의 명민함이었지. 연암은 열하가 '천하의 두뇌'임을 단박에 알아차렸어. 황제들이 이곳에 매년 행차하는 이유는 단순히 더위를 피하기 위해서가 아니라 북방 이민족들을 막기 위해서였음을 간파한 거지. 한때 중원을 차지했던 몽고족, 그리고 중국 서북쪽 지역을 광범위하게 차지하는 회족은 언제든 청나라에 심각한 타격을 줄 수 있는 세력이었어. 그들을 청나라 최고 권력자가 직접 나서 무력시위로 위협하거나 융화 정책으로 회유했던 '현장 캠프'가 바로 열하였던 거야.

황제가 여기에서 책을 보고 정원과 호수를 거닐며 천하의 일을 다 잊어버리고는 짐짓 평민이 된 것 같은 생활을 한다. 그러나 실상은 이곳이 험한 요새여서 몽고의 숨통을 죄는 북쪽 변방의 깊숙한 곳이므로 비록 피서를 한다고 하나, 사실은 천자가 직접 나서 북쪽 오랑캐를 막으려는 것이다.

— 『막북행정록』, 「막북행정록서」

적의 침략에 미리 대비하고 내부 전열을 가다듬기 위해 열하에 해마다 행차하는 청나라 황제들, 그들은 왜 그런 행동을 했을까? 아마 건국 당시의 학습 효과 때문이었을 거야. 청나라는 명나라의 마지막이자 가장 강력한 방어선인 산해관성을 싸움 한 번 하지 않고 통과할 수 있었어. 앞서 살폈듯 명나라 장수 오삼계가 스스로 성문을 열어 주었기 때문이지. 만 리에 이어 세운 장성으로 북방 오랑캐를 막겠다던 한족의 오랜 염원과 노력은 간단하게 물거품이 돼.

청나라 황제들은 이 경험을 통해 배울 수 있었을 거야. 성의 물리적 견고함보다 성을 지키는 장수와 백성의 굳은 결의가 더 중요하다는 사실을 말이야. 이러한 점을 가장 잘 체득하고 실천한 이가 바로 강희제야. 당시 고북구 총병관이었던 채원蔡元은 장성의 수리를 요청하는 상소를 올려. 고북구장성을 비롯해 북경 인근의 장성 곳곳이 허물어졌기 때문이지. 이에 강희제는 '오직 덕을 쌓고 백성을 편안하게 하는 것이 국토 수호의 유일한 방법'이라는 조서를 내려.

그리고 덧붙여 '백성의 마음이 기쁘면 나라의 근본을 얻게 될 것이니, 변경은 절로 굳건해질 것이다'라고 말하지. 성벽의 굳셈보다 마음먹기의 단단함을 읽을 수 있었던 강희제, 그는 위태로운 때

✚ 무너진 채로 보존되고 있는 북경 인근의 금산령장성이다.

제국을 물려받았으나 이를 평정하고 제국이 번성할 수 있는 기틀을 마련했어. 열하 피서산장은 역경을 극복한 승자의 여유와 자신감이 깊게 배인 곳이야.

연암이 열하를 여행한 지 10년 후, 이번에는 건륭제의 팔순 잔치 때 열하에 간 영재 유득공 또한 강희제의 이런 의도를 연암과 비슷하게 파악했어. 『열하기행시주』, 「열하」라는 글에서 강희제의 명석함과 주도면밀함을 확인할 수 있어.

가만히 열하의 형세를 살펴보니, 산과 물이 두루 둘러 있고 들은 넓고 샘물은 빠르게 흐르며 풍토와 기후가 높고 시원하다. 북으로는 몽고를 누르고, 우로는 이슬람을 끌어당기며, 좌로는 요녕 심양에 통하고, 남으로는 천하를 통제한다. 이는 강희 황제가 고심한 것인데, '피서산장'이라고 한 것은 그것을 숨긴 것이다.

이제 연암 일행의 행적을 따라 피서산장으로 가보자. 열하 도착 이튿날 조선 사신 일행은 피서산장으로 향해. 숙소인 열하 문묘를 출발해 궁궐 밖까지 왔으나 워낙 서둘렀던 탓인지 아직 날이 새지도 않았어. 행궁으로 들어가기 전 연암을 비롯한 일행은 피서산장

✚ 피서산장 정문에서 100여 미터 떨어진 곳에 위치한다.

바로 앞에 위치한 관운장 사당인 관제묘關帝廟에서 대기하지. '귀신 같은 솜씨로 조각을 했고 울긋불긋한 단청이 눈을 어지럽힌다'고 연암이 묘사한 곳이야.

피서산장의 정문인 여정문麗正門은 한자를 중심에 두고 만주어, 티베트어, 위구르어, 몽골어까지 모두 다섯 언어로 쓰여 있어. 이

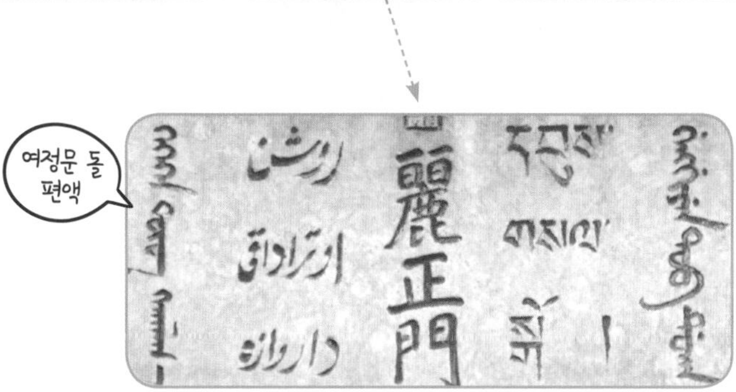

✚ 오른쪽부터 만주어, 티베트어, 한자, 위구르어, 몽골어다.

돌 편액은 피서산장이 어떤 목적으로 조성되었는지를 상징적으로 보여 주지. 여정문에 적힌 주변 나라들은 만주족 청나라에게 '괴로움'이었고 그래서 위협하면서도 포용해야 할 대상이었던 거야.

연암 또한 여정문을 통해 피서산장 안으로 들어갔어. 다음으로 이어지는 외오문外午門을 지나면 작은 뜰이 나오고, 좌우로 일종의 대기실인 조방朝房이 있어. 비공식 수행원인 연암은 딱 여기까지만 들어갈 수 있었어. 정식 사신 일행은 이 문을 통과해 피서산장 정전에서 건륭제를 접견하는 파격적인 '은혜'를 입지만 말이야.

연암은 현재 제1전시관으로 사용되는 동쪽 조방朝房에서 황제의 아침 수랏상에 오른 음식 몇 가지를 맛봐. 그리고 보이지도 않는 황제를 향해 세 번 절하고 머리를 아홉 번 땅에다 대는 삼배구고三

拜九叩의 예를 행한 후 발길을 돌릴 수밖에 없었지. 연암이 사신 일행과 무릎을 꿇었던 곳은, '전각은 단청을 하지 않았으며 문 위에는 피서산장避暑山莊이라는 편액이 걸려 있다'고 묘사한 내오문內午門 앞이야.

연암은 『열하일기』에서 밝히지 않았지만, 아마도 그럴 여유도 없었겠지만, 이 글씨는 강희제 친필이야. 이에 대해 '현대의 루쉰'이라고 추앙받는 여추우余秋雨[위츄위]는 『중국문화기행』에서 다음과 같이 쓴 적이 있어. '매우 뛰어난 필체에서 순간 승리자의 침착하고 편안한 모습을 엿보는 듯했다. 처음 이 산장을 밟은 발걸음도 그러했을 것이다. 험난했지만 성공을 가져다준 머나먼 길을 지나 산장에 왔기 때문에 이곳에 도착해서 가쁜 숨을 몰아쉬었을 것이다. 당연한 일이다.'

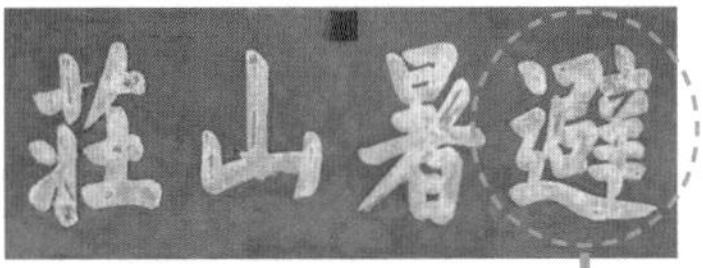

✚ 피서산장 편액

멋진 말이지. 그런데 이 편액에는 강희제의 '침착하고 편안한 모습'이 강한 자신감에서 비롯되었음을 암시하는 글자가 있어. 바로 피避 자야. 이 글자를 자세히 보면 맨 오른쪽 변인 신辛 자에 가로획이 하나 더 있음을 볼 수 있어.

'피避'는 '피하다', '회피하다', '숨다' 등의 다소 부정적이고 소극적인 의미지. 강희제는 자신이 그런 이유로 이곳에 온 것이 아님을, 단호한 가로획을 더함으로써 보여 주고자 했을 거야.

『열하일기』에서 찾기

– 『막북행정록』, 「막북행정록서」

– 『태학유관록』, 「10일 병진」

– 『황교문답』, 「황교문답서」

답사지 찾기

– 여정문麗正門[丽正门, 리정먼]

여정문은 피서산장의 정문으로 승덕에서 가장 많은 여행객들이 모이는 곳이다. 이곳을 통해 피서산장에 입장한다.

– 동조방東朝房[东朝房, 둥차오팡]

피서산장 정문인 여정문을 통과하면 외오문이 나오고 이곳을 지나면 넓은 뜰에 동서로 마주하고 있는 두 건물이 있다. 그중 오른쪽 건물이 바로 연암이 대기하던 동조방이다.

– 내오문內午門[内午门, 네이우먼]

내오문은 외오문 다음 문이다. 바로 이 문에 '피서산장避暑山莊' 편액이 걸려 있다.

답사 포인트

– 승덕 시내 한복판에 서 있는 강희제 동상 확인하기!

– 강희제의 일생을 다룬 공연 '정성왕조 강희대전鼎盛王朝 康熙大典' 관람하기!

★ 답사를 위한 마침표 ★

- 열하 문묘에서 관운장 사당을 거쳐 피서산장 정문까지 연암의 동선을 따라 가기!
- 여정문의 돌 편액에 새겨진 다섯 가지 문자 확인하기!
- 연암이 대기했던 내오문 밖 동쪽 조방 확인하기!
- 내오문에 걸린 '피서산장避暑山莊' 편액 글씨 중 '피避' 자 확인하기!

열하4 찰십륜포

연암이 만난 이단의 괴수는?

오늘날로 치자면 연행에 나선 조선의 공식 사행은 패키지여행을, 연암은 자유여행을 한 셈이야. 연암은 정사, 부사 같은 사신 대표가 아니어서 공식적인 절차나 연회에 참석할 수는 없었지만 그랬기에 일반 백성들의 삶의 현장을 비교적 자유롭게 둘러볼 수 있었지. 이런 상황은 열하에서도 예외가 아니었는데, 재미있는 해프닝 하나를 소개할게.

열하에 도착한 지 사흘째 되는 날, 사신 일행은 행궁에 들어가고 할 일 없는 연암은 길거리 구경에 나섰어. '신선은 옥 패물을 맡기고 벼슬아치들은 금관자와 담비 옷을 벗는다'는 광고 문구가 매혹적인 술집이 있어 들어가지. 그런데 그곳에는 몽고족, 회족 등 '오랑캐 종족'만 있는 거야. 후회도 되고 수눅도 들었지만 연암은

✚ 열하 문묘에서 피서산장으로 가는 길에 선 패루다. 연암 또한 이 거리 곳곳을 기웃거렸으리라.

오히려 큰소리를 쳐. 너희들이 먹는 작은 술잔은 치우고 큰 사발에 술을 가져오라고. 그리고 원샷!

그러자 뭇 오랑캐들이 서로서로 얼굴을 빤히 쳐다보며 모두 경이롭게 여기지 않는 이가 없어. 이번에는 주위 사람들이 연암을 모시고 한 번 더 '사발 떼기'를 요청해. 물러설 연암이 아니지. 석 잔 술을 한 사발에 부어 단번에 마시곤 아무 일 없었다는 듯 점잖게 인사를 하고 술집을 나와. 은행 알만큼 작은 술잔으로 몇 번에 걸쳐 홀짝거리며 술을 마시는 그들에게 연암은 대단한 술고래처럼 보였던 거야. 하지만 이런 행동은 '실상은 겁이 나서 그런 것이지 진정한 용기는 아니었다'고 술집을 나서며 연암은 솔직히 고백하지.

연암이 한차례 시내 투어를 마치고 숙소로 돌아오니 황제가 조선 사신들에게 '살아 있는 부처'를 만나라고 거듭 명했다는 소식이 전해져. 여기에는 사정이 있어. 전날 조선 사신이 건륭제를 알현했을 때, 황제는 자신이 스승으로 모시는 티베트 불교 지도자를 조선 사신이 만날 수 있도록 배려했던 거야. 그는 황제의 아들이나 몽골 왕조차도 함부로 만날 수 없는 존재였으니 조선 사신을 파격적으로 우대한 거지.

하지만 조선 사신 입장에서는 이 일이 이만저만 곤란한 상황이 아니었어. 유교 이외에는 모든 종교와 사상을 이단으로 치부하던 조선 사대부에게 티베트 불교의 지도자는 '이단의 괴수' 그 이상도

✚ 연암이 찾았던 반선의 처소로 현재는 '수미복수지묘須彌福壽之廟' 혹은 '반선행궁班禪行宮'이라 불린다.

이하도 아니었기 때문이지. 황제의 명을 받들자니 조선에서 말썽이 날 것 같고, 그렇다고 거역하자니 열하에서 더 큰 곤욕을 치를 수도 있는 상황이었던 거야. 조선 사신이 머뭇거리자 건륭제는 '그 나라는 예를 아는 나라이련만, 사신만 예법을 모르고 있구나'라며 불편한 심기를 드러내. 그러니 조선 사신 일행은 더 안절부절 못할 수밖에.

그런데 이런 난리 통에 연암은 포복절도할 생각을 해. 연암의 기상천외한 상상을 따라가 볼까. '만약 사신이 황제의 말을 거부하면 조선에서야 의롭다는 명성이 높아지겠지. 하지만 당장 황제의 노여움을 살 게 뻔해. 그럼 열 번 싸워 모두 승리했다는 자부심으로 십전노인十全老人이라는 호를 스스로 붙였던 건륭제가 군사를 일으켜 조선을 칠까? 이건 너무 지나치지. 사신 개인이 죄를 지었는데 나라를 벌할 수는 없을 거야. 그럼 조선의 사신을 귀양 보내는 정도에서 일을 마무리하지 않을까? 멀고 먼 남쪽 지방 운남이나 귀주 쪽으로 말이야. 그럼 나는 어떻게 한담?'

> 그리되면 나 혼자서 고국으로 돌아갈 수 없지. 서촉西蜀과 강남江南 땅을 내 곧 밟게 되리라. 강남은 오히려 가깝되, 저 월남과 광동 지방은 북경에서 만여 리 길이나 된다니, 내 구경이 어찌 호화찬란하지 않겠는가!
>
> — 『태학유관록』, 「10일 병진」

연암의 팔촌 형님이자 이번 특별사행의 정사인 박명원을 비롯한 사신들은 목숨의 위태로움까지 느끼는 판에 연암은 신나는 중국 남부 여행을 계획하고 있어. 급기야 연암은 곁에 있던 하인에게 명해.

"얼른 술을 사 오려무나. 돈일랑 아끼지 말고. 이제 너하고도 이별이다."

지금의 베트남 지역과 중국 최남단인 광주廣州[광저우] 지역을 구경할 수 있는 행운을 자축하기 위해서야.

✚ 갑옷을 입고 백마를 탄 건륭제 초상으로 예수회 선교사 주세페 카스틸리오네의 작품이다.

그러나 연암의 '기대'와 달리 조선 사신은 티베트 불교의 지도자이자 건륭제의 스승인 반선班禪 액이덕니額爾德尼의 처소로 향해. 이 명칭은 '밝고 신령하며 지혜로운 법승'이라는 뜻의 'Panchen Lama'를 한자로 음역한 거야. 그는 우리가 잘 알고 있는 달라이라마Dalai Lama에 이어 티베트 불교를 지도하는 2인자야. 당시 연암과 조선 사신 일행이 만났던 이는 판첸라마 6세지.

연암은 숙소에서 급히 밥을 먹고 사신 일행을 쫓아 피서산장으

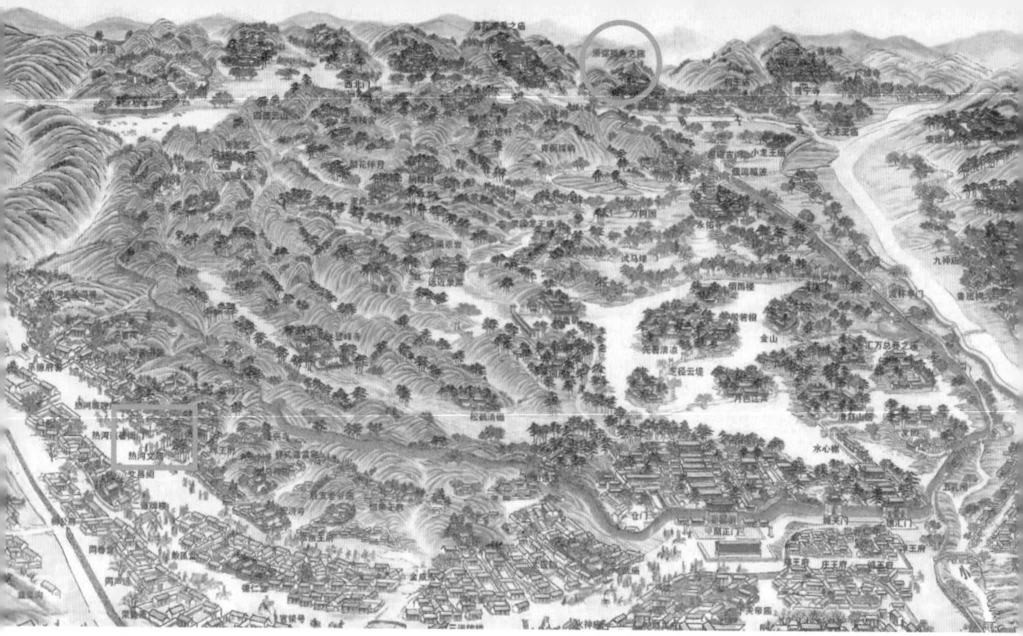

✚ 〈청승덕풍물도淸承德風物圖〉라는 그림으로 네모가 문묘이고, 동그라미가 찰십륜포다.

로 갔으나 그들은 이미 떠나고 없었어. 피서산장 동쪽 성벽을 따라 발걸음을 재촉하던 연암은 동쪽 멀리 선 경추산을 보게 되지. 이곳에서 연암이 길을 몰라 방황하니까 인근에 있던 병사들이 이정표처럼 서북쪽을 손으로 가리켜. 아마도 갓을 쓰고 두루마기를 입은 연암의 독특한 복색이 앞서 간 일행과 같아서였을 거야. 그래서 연암이 북쪽으로 4km 정도 더 올라갔더니 하천이 가로놓여 있고 그 뒤쪽으로 반선을 위한 특별 숙소, 찰십륜포札什倫布가 보여.

연암이 건넜던 다리 아래 하천은 이제 말라 버렸어. 그러나 다리만큼은 연암이 건넜던 당시 그대로 보존돼 있고, 이곳이 세계문화유산임을 알리는 표지석이 그 한가운데 서 있지. 연암은 급히 산

✚ 찰십륜포로 가는 도중 연암이 본 하천과 경추산은 여전하다.

문을 통과하고 유리패방 인근에 도달하는데 여기서 먼저 출발한 일행을 만나. 사신 일행은 땀을 뻘뻘 흘리며 헐레벌떡 자신들을 뒤쫓아 온 연암을 놀려 먹지.

"거 구경벽이 너무 심한 거 아니오."

그러거나 말거나 연암의 눈은 빠르게 돌아가고, 이는 훗날 그에 못지않은 붓놀림으로 손에 잡힐 듯한 묘사로 남았어. '축대 위에는 전각이 두 개 있고, 전각은 모두 2층 처마에 황금 기와를 이었으며, 지붕에는 날아가는 형상을 한 용 여섯 마리가 있는데 모두 황금으로 몸을 만들었다.' 그런데 연암은 이 건물을 빙 둘러 확인하지는 못했나 봐. 실제 지붕에 앉은 용은 여덟 마리인데, 여섯 마리로 잘못 적고 있거든.

✚ 연암이 일행을 만난 찰십륜포 내에 있는 유리패방이다.

✚ 두 건물은 ㅁ자 모양으로 각각 대홍대大紅臺, 동홍대東紅臺라 불린다.

열하의 찰십륜포는 연암 일행과 마찬가지로 건륭제 칠순을 축하하기 위해 먼 길을 온 판첸라마 6세를 위해 지어졌어. 특별히 그가 수장으로 있는 티베트 제2의 도시 시가체의 타시룸포 사원을 본뜬 거야. 찰십륜포는 '큰 덕이 있는 승려가 거처하는 집'이라는 뜻의 티베트어의 한자 음역이야. 이곳의 다른 명칭인 수미복수지묘须弥福寿之庙는 한자를 이용한 의역이고. 현재 중국 사람들은 '반선행궁'이라 부르지.

이 사원은 매우 독특한 구조로 지어졌어. 행궁 전면부는 중국 전통 양식으로, 중심 건물인 대홍대大紅臺는 티베트 양식으로 건축된 거지. 연암이 반선을 접견한 곳은 ㅁ 자 모양의 대홍대 안쪽에

✚ 대홍대 안쪽에 위치한 묘고장엄전의 지붕이 바로 용이 앉은 황금 지붕이다.

세워진 묘고장엄전妙高莊嚴殿이야. 사원을 묘사할 때의 놀랍고 황홀했던 연암의 시선은 그러나 판첸라마 6세를 그릴 때는 날카롭고 싸늘해. '코는 쓸개를 매달아 놓은 것 같고 눈썹은 몇 치쯤 되며, 눈알은 희고 동자는 겹으로 테두리가 되어서 음침하고 컴컴해 보였다.'

반선 방문 대소동은 여기서 그치지 않아. 조선 사신단이 판첸라마 6세로부터 불상을 선물 받은 거야. 이게 또 골칫거리야. 만세사표萬世師表 공자를 모신 태학에 머문 것을 더없는 영광으로 알았던 조선 사대부들은 이단인 불교의 불상을 숙소에 가져가는 것조차

✚ 수미복수지묘가 유네스코 지정 세계 문화유산임을 알리는 표지석이다.

꺼려해. 그래서 작은 궤짝을 짜 불상을 그 안에 넣어 버리지. 그러곤 조선으로 돌아갈 때 압록강에 버릴 계책을 세운단다.

200여 년 전 연암을 비롯한 조선 사신에게 문화적 다양성을 요구하고 종교적 관용이 부족하다고 탓하는 건 무리겠지. 하지만 청나라의 황제가 스승으로 대접하는 이에게 절을 하지 않으려고 모르는 척 예를 갖추지 않고 자리에 앉아 버린 조선 사신의 행동을 단순한 해프닝으로만 볼 순 없을 것 같아. 이런 점에선 연암도 예외는 아니었어. 반선이 선물한 불상을 '우리와 저들이 마주하는 경계인 중간 지점에서 물에 띄워 보내어 바다로 내버릴 수밖에' 없다고 제안한 사람이 바로 연암이었기 때문이야.

청나라 건국 세력이 만주족이니 야만의 '오랑캐'에게 배울 게 무엇이 있겠느냐는 확신이 당대 조선 사대부의 '상식'이긴 했어. 그러니 티베트 불교 지도자를 있는 그대로 인정하고 평가하는 게 결코 쉬운 일은 아니었겠지. 다만 '이단의 소굴' 찰십륜포가 티베트와 중국 전통의 건축양식을 조화한 희귀한 문화적 사례로 상찬되는 지금, 당시 조선 사신들의 태도를 읽다 보면 입맛이 쓸 수밖에 없단다.

✚ 연암은 바로 이곳 묘고장엄전에서 판첸라마 6세를 접견했다.

✚ 묘고장엄전 뒤로 위치한 반선의 숙소 길상법희전吉祥法喜殿이다.

『열하일기』에서 찾기

- 『태학유관록』, 「10일 병진」
- 『태학유관록』, 「11일 정사」
- 『반선시말』
- 『찰십륜포』
- 『피서록』

답사지 찾기

– 찰십륜포札什倫布[扎什伦布, 자스룬부]

찰십륜포는 현재 반선행궁班禪行宮[班禅行宫, 반찬싱궁]이라 불리며, 피서산장의 북쪽에 위치한다. 이곳 입장료를 사면 서쪽에 자리 잡은 소포탈라궁도 함께 볼 수 있다. 이 두 곳을 연결하는 셔틀버스도 운행하고 있다.

– 묘고장엄전妙高莊嚴殿[妙高庄严殿, 먀오가오좡옌뎬]

묘고장엄전은 찰십륜포의 가장 중심에 위치한 전각으로 대홍대라는 ㅁ 자 모양의 건물 안쪽에 위치한다. 연암이 반선을 접견했던 내부로 들어가면 계단을 통해 황금 지붕을 마주하는 '옥상'으로 올라갈 수 있다.

답사 포인트

- 연암의 동선을 따라 피서산장 정문에서 찰십륜포 찾아가기!
- 연암이 건넜던 찰십륜포 앞 다리 확인하기!
- 연암이 반선을 접견했던 묘고장엄전 내부 확인하기!
- 대홍대 옥상에 올라 황금 지붕 위의 용 마릿수 확인하기!

열 · 하 · 부 · 록

열하에서 연암이 못 간 곳1

연암이 무릎 꿇었던 곳을 걸어서 지나가다!

『열하일기』에는 『피서록避暑錄』, 그러니까 '피서산장을 유람하며 기록한 내용'이라는 제목의 책이 포함돼 있어. 그런데 이 글을 읽어 보면 중국과 조선 시인의 작품과 연암이 연행 도중 직접 보거나 쓴 시가 사연과 함께 실려 있지. 그러니까 이 책은 여행기가 아니라 '시집'이라고 할 수 있어. 열하를 구경하는 틈틈이 더위를 피해 이 글을 기록했기에 『피서록』이라 정한 거야.

유난히 더위를 많이 탔던 연암이 피서산장이 있는 열하에서 피서를 하며 글을 썼다, 별로 이상할 게 없어 보이지? 그러나 『열하일기』가 최초로 열하를 여행했기에 붙여진 이름이라면 『피서록』 또한 피서산장을 구경한 이야기여야 하지 않을까. 그런데 연암은 이 책의 서문에서 강희제가 꼽은 피서산장의 36경만을 이야기할 뿐 자신의 여행기는 수록하지 않았어. 이유가 뭘까? 한 가지 짐작해 볼 수 있는 건 연암의 피서산장 구

✚ 연암은 동그라미로 표시한 뜰까지만 갈 수 있었다.

✚ 이곳이 맨 앞쪽에서 두 번째 문인 내오문이다.

경이 여의치 않았다는 사실이야. 앞서 말한 것처럼 공식 사신이 아닌 연암은 황제의 행궁 피서산장 출입이 자유롭지 못했기 때문이지.

이제 우리는 연암이 발걸음을 멈춰야 했던 곳에서 시작해 피서산장 안쪽을 구석구석 구경해 볼 거야. 연암이 바라보기만 했을 뿐 들어가지 못했던 내오문을 통과하면 피서산장의 정전인 담박경성전澹泊敬誠殿을 마주하게 돼. 이곳은 자금성으로 치자면 태화전에 해당하지. 그러나 이 전각은 황제의 공식 직무 공간이라는 위상에 어울리지 않게 담담한 매력이 있어. 그리고 고송古松이 가지런한 앞뜰은 오히려 북경 공묘의 고즈넉함을 닮았지.

연암은 피서산장 편액이 걸린 문이 단청을 하지 않았다고 했는데 담박경성전 또한 그래. 건물 전체를 녹나무로 만들어 은은한 향기가 일품이라는 이 건물은 이름 그대로 소박하기 그지없지. 그러나 평범한 이름

✚ 박쥐 복蝠 자와 행복을 뜻하는 복福 자의 중국어 발음은 푸[fú]로 같다. 한자문화권에서 오복의 상징으로 쓰이는 박쥐 문양이 담박경성전에는 빽빽이 조각돼 있다.

의 이곳은 비범한 뜻을 담고 있다고 해. '담박澹泊'이라는 중국 전통 도교의 핵심 명제와 '경성敬誠'이라는 유교의 지향점을 동시에 아우르고 있다는 거야. 여정문과 담박경성전은 청나라 황제의 깊은 고민과 밝은 혜안을 상징적으로 보여 주고 있어.

담박경성전의 뒤로 가면 강희제가 열하 36경 중 제1경으로 꼽은 풍경을 이름으로 삼은 아름다운 건물이 있어. 바로 황제와 황후의 침전인 연파치상전煙波致爽殿이야. 그런데 중국인들은 본 건물보다 연파치상전의 서쪽으로 이어 붙은 서소西所에 몰려 있어. 바로 그곳이 훗날 서태후로 불리는 자희태후慈禧太后의 거처였기 때

✚ 연파치상전

✚ 자희 거처

문이야.

그런데 이곳은 또한 중국인들에게 '물망국치勿忘國恥', 즉 '나라의 치욕을 잊어서는 안 되는 공간'이기도 해. 어떤 사연이 있는 걸까? 1860년 제2차 아편전쟁 결과 영국과 프랑스 연합군이 북경을 점령해. 그러자 당시 청나라 황제였던 함풍제는 열하 피서산장으로 피란 오고 바로 이곳에서 굴욕적인 '북경조약'에 최종 서명하게 돼.

그리고 이 일로 인한 충격과 화병 때문이었는지 함풍제는 조약 체결 이듬해 열하 행궁에서 숨을 거둬. 그러자 황후였던 서태후는 능수능란하게 정국을 유린해 권력을 잡게 되지. 이후 그녀는 세 명의 황제를 대신해 섭정하는 절대 권력을 누리게 되는데, 그 기반을 닦은 곳이 바로 이곳 피

서산장인 거야.

피서산장 궁전구의 마지막 건물은 운산승지루雲山勝地樓로 열하 행궁 내 유일한 2층 건물이야. 강희제와 건륭제는 아름다운 호수가 내려다보이는 이곳을 개인 서재로 썼다고 해. 그런데 나중에는 연극 무대와 불당으로 용도가 바뀌었어. 그런데 2층인 이 건물에는 어디를 보아도 계단이 없어. 황제는 어떻게 위층으로 올라갔을까?

건물의 오른쪽으로 보이는 돌무더기가 바로 계단이야. 사람의 손길이 닿았지만 최대한 자연스럽게 조성한 것이 무척 근사하지. 이곳에 오르면 뒤편으로 피서산장의 자연 풍광이 한눈에 들어온다고 해. 운산승지루를 포함한 궁전구는 야트막한 언덕에 위치해 있으니 조망이 더 좋은 거지. 이곳에서 보이는 피서산장의 '정원' 역시 사람의 손으로 만들었지만 스스로 그러한 듯, 애초에 그 자리에 있었던 듯, 풍성하지만 시끄럽지 않은, 고요하지만 침울하지 않은 멋진 풍경이야.

피서산장 궁전구를 나오면 왼쪽으로 행궁 내 가장 면적이 넓은 산악구가, 그리고 오른쪽으로는 항주와 소주의 호수를 본떠 만들었다는 호수구가 펼쳐지고 그 뒤로 평원구가 위치해. 산악구는 워낙 면적이 넓어 셔틀버스를 이용해 둘러볼 수 있는데, 이곳 정상에서 바라보는 수미복수지묘와 보타종승지묘의 모습은 압권이지.

오른쪽 건물군은 연암이 반선을 접견하러 갔던 수미복수지묘, 반선행궁이고 왼쪽은 소포탈라궁이라 불리는 보타종승지묘야. 흔히들 피서산장 하면 궁전구에 포함된 몇 채의 전각만 떠올리지. 하지만 산악구 정상에 오르면 이곳이 거대한 성임을 한눈에 확인할 수 있어. 심지어 어떤 이들은 피서산장의 성벽을 보고 만리장성이 아니냐고 진지하게 묻기도 해.

평원구에서도 잊지 말고 가봐야 할 곳이 있어. 바로 『사고전서』를 보관했던 문진각文津閣이야. 청나라 최고 융성기를 이끌었던 건륭제는 수백 명의 석학과 수천 명의 실무자를 기용해 10년에 걸쳐 약 8억 자에 이르는 『사고전서』 초본 4부를 제작하지. 그리고 화재나 전쟁으로 인한 소실

✚ 왼쪽이 보타종승지묘, 오른쪽이 수미복수지묘다.

을 막기 위해 네 곳에 분산 보관해. 소현세자의 처소로 소개했던 자금성의 문연각文淵閣과 황실의 여름 별장인 원명원의 문원각文源閣은 북경에 있지. 그리고 청나라의 첫 수도였던 심양 고궁의 문소각文溯閣과 바로 이곳 열하 피서산장의 문진각이 그 보관 장소야.

네 곳의 명칭 가운데 글자는 모두 물 '수水' 변이 들어간 글자야. 나무로 건물을 지었던 시절이니 상징적으로 화재를 막겠다는 의지와 기원이었겠지. 물론 화재를 대비한 실질적인 건축적 고려도 있었어. 건물 바로 앞에 적지 않은 규모의 연못을 조성했던 거지. 이것 또한 네 곳의 공통적 특징이야.

그런데 문진각 앞 연못에는 조금 더 특별한 게 있어. 이곳을 방문한 관람객들은 정작 문진각은 보지 않고 연못만 쳐다보는데, 바로 낮에도 초승달이 뜨기 때문이야. 이게 무슨 말일까? 문진각 연못 앞에는 돌을 쌓아 산 모양으로 만든 석가산石假山이 조성돼 있어. 그런데 돌을 아주 교묘하게 배치해 바위 틈 사이로 빛이 들어와 초승달 모양이 연못에 비치

✚ 건물 형태는 자금성 문연각, 심양 고궁 문소각과 거의 같다.

✚ 앞쪽이 평원구에 있는 영우사 사리탑이고 저 멀리 보이는 것이 경추산이다.

는 거야.

그런데 그 벌어진 공간이 사람들이 다니는 통로 근처야. 그래서 이런 사실을 모르는 관람객들은 그 앞에 서 있기 일쑤지. 그러면 물에 비친 초승달을 보려던 사람들이 소리를 지르고 난리야. 하지만 정작 빛을 가리고 있는 사람은 영문을 몰라 어리둥절하여 어찌할 줄 모르는 광경을 쉽게 볼 수 있어.

문진각은 구경하지 못했지만 연암 또한 피서산장 평원구를 둘러보긴 했어. 이곳에서 펼쳐진 등불 공연을 구경했던 거야. 연암의 묘사를 읽어 보면 현대의 불꽃놀이보다 훨씬 더 수준이 높았던 것 같아. 등불로 복잡한 한자를 표현하고 또 다른 글자로 바뀌기도 했다니 말이야. 심지어 등

불로 구현한 용 모양은 마치 '비늘과 뿔과 발톱과 꼬리가 공중에서 꿈틀' 거리는 듯한데 조금도 어긋남이 없었다고 해. 발자국 소리만 들리는데 수천 명이 캄캄한 어둠 속에서 이런 묘기를 부린 거지.

그러나 온갖 나무와 풀이 무성해 만수원萬樹園이라 불렸고, 온갖 기예가 펼쳐지던 평원 지역은 지금은 숲도 아니고 평원도 아닌 애매한 상태로 남아 있어. 몽골의 전통가옥인 '파오[蒙古包, 멍구바오]'를 흉내만 낸 조잡한 '호텔'이 무질서하게 들어서 있을 뿐이야. 다만 한 가지 위로가 되는 건 연암이 보았을 영우사 사리탑만은 여전히 우뚝하다는 사실이야.

『열하일기』에서 찾기

– 『피서록』

– 『산장잡기』, 「만년춘등기」

– 『산장잡기』, 「매화포기」

답사지 찾기

– 담박경성전澹泊敬誠殿[澹泊敬诚殿, 단보징청뎬]

담박경성전은 내오문을 통과하면 바로 마주할 수 있다. 뜰 동서로 위치한 전각에는 청나라 유물을 전시하고 있으니 이곳도 빼놓지 말고 구경하기 바란다.

– 연파치상전煙波致爽殿[烟波致爽殿, 옌보즈솽뎬]

연파치상전은 담박경성전 오른쪽을 돌아 궁전구 내부로 계속 들어가 사지서옥四知書屋과 십구간조방十九間照房을 지나면 발견할 수 있다. 서태후 처소는 이곳의 서쪽에 위치한다.

– 운산승지루雲山勝地樓[云山胜地楼, 윈산성디러우]

운산승지루는 연파치상전 바로 뒤에 위치하고 이곳이 피서산장 궁전구의 마지막 건물이다.

– 산악구山嶽區[山岳区, 산웨취]

피서산장 후문인 수운문岫雲門[岫云门, 슈윈먼]을 통과해 언덕을 내려오면 왼쪽으로 산악구를 운행하는 셔틀버스 타는 곳이 나온다. 셔틀버스는 '사면운산四面雲山'이라는 정자와 '외성전망대外城展望臺', 그리고 '산장궁전山莊宮殿' 세 곳에 정차한다. 도착 지점은 출발 지점에서 안쪽으로 100여 미터 들어간 지점이다.

– 문진각文津閣[文津阁, 원진거]

★ 답사를 위한 마침표 ★

문진각은 피서산장의 거의 정중앙에 위치하는데 호수구의 북쪽, 평원구의 서쪽에 자리 잡고 있다.

답사 포인트

- 담박경성전의 녹나무와 편액 '담박경성전澹泊敬誠殿' 확인하기!
- 담박경성전 앞뜰의 호젓함을 즐기기!
- 연파치상전에서 서태후 처소 찾아보기!
- 운산승지루 계단 확인하기!
- 산악구 정상에서 수미복수지묘와 보타종승지묘 조망하기!
- 문진각 연못에 뜬 '초승달' 확인하기!
- 평원구에 우뚝 솟은 영우사 사리탑과 멀리 보이는 경추산 확인하기!

열 · 하 · 부 · 록

열하에서 연암이 못 간 곳2

고북구장성에 글을 남긴 연암, 우리는 열하를 사진에 담자!

북경에서 서북쪽으로 뻗은 고속도로 이름은 '경승고속京承高速[징청가오쑤]'이야. 연결하는 두 도시 이름을 따 고속도로명을 정하는 관례를 생각하면 이 길이 북경北京과 승덕承德을 잇고 있음을 알 수 있지. 바로 이 길이 200여 년 전 연암 일행이 무박 6일로 걸어간 길과 대체로 일치해. 그런데 '청더'라 불리는 이곳을 한국인들만 유독 '열하'로 기억하고 있는 건 아마 연암의 『열하일기』 때문일 거야.

연암과 『열하일기』를 기억하는 우리나라 사람들은 그래서 승덕에서 '열하일기'의 흔적을 찾게 마련이지. 그런데 현재 이곳에서 가장 유명하고 그래서 중국인들이 주로 방문하는 곳이 연암 답사지와 반드시 일치하는 건 아니야. 이는 승덕의 주요 경승지 통합표를 통해

✚ 피서산장이 바탕에 깔리고 왼쪽에 보타종승지묘가, 오른쪽에 보녕사가 그려져 있다.

서도 확인할 수 있어.

입장권에는 대체로 그 지역에서 역사, 문화적으로 가장 중요한 곳이나 사람들이 가장 많이 찾는 장소를 도안하기 마련이지. 따라서 현재 중국인들이 승덕에서 손꼽는 곳은 입장권 전체 배경이 되고 있는 피서산장과 그 외곽에 조성된 외팔묘外八廟 중 보타종승지묘普陀宗乘之廟와 보녕사普寧寺일 거야. 이 중 두 곳은 연암이 보긴 했겠지만 방문하지는 않은 것으로 추측돼. 『열하일기』에 그 기록이 남아 있지 않거든.

『열하일기』에서 확인되는 연암의 북경과 열하의 행적은 사뭇 대조적이야. 현재의 북경 패키지여행과는 비교도 되지 않을 만큼 많은 곳을 둘러본 북경과는 달리 열하에서 연암은 주로 청나라 관료나 학자와 이야기를 했어. 여기에는 그럴 만한 이유가 있지. 앞서도 한 번 설명했지만 공식 사신이 아닌 연암의 신분적 한계 때문에 황제가 거처하는 피서산장에 들고나는 것이 자유롭지 않았기 때문이야.

피서산장을 구경할 수 없다면 현재 승덕의 또 다른 유명 관광지인 외팔묘를 보면 될 게 아닌가 생각할 수도 있지. 그러나 호기심과 구경벽이 남달랐던 연암이라도 그건 조선 사대부로서 엄두가 안 나는 일이었어. 앞서 설명했지만 반선 액이덕니를 만나라는 황제의 '배려'로 조선 사신단이 겪은 소동은 그저 웃어넘길 수준의 일이 아니었거든.

연암은 당시나 지금이나 열하의 명소로 이름 높은 외팔묘 중 반선의 거처인 수미복수지묘만 방문할 수 있었어. 반면 현재 이곳보다 더 유명한 보타종승지묘와 보녕사는 구경하지 못했지. 그러나 연암이 두 곳을 보지 못했던 건 아니야. 보타종승지묘는 수미복수지묘의 서쪽에 인접한 언덕에 높이 솟아 있고, 보녕사는 동쪽 산자락에 위치하고 있거든. 이제 우리는 연암이 가지 못해 애틋하게 바라만 보았을 두 곳을 직접 방문해 보자.

✚ 연암이 직접 방문했던 수미복수지묘에서는
보타종승지묘가 또렷이 보인다.

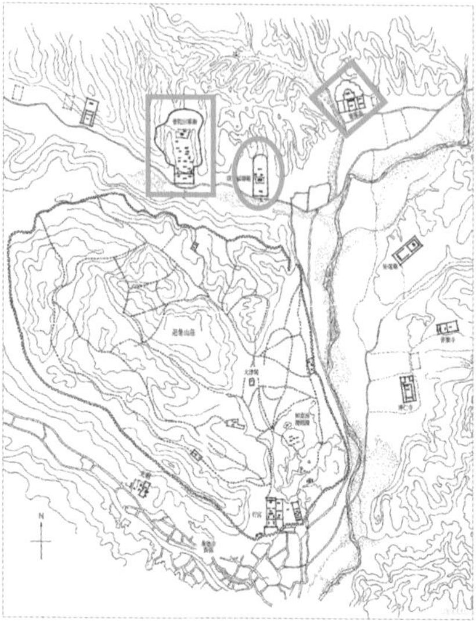

✚ 동그라미가 연암 일행이 방문한 수미복수지묘이고 네모가 보타종승지묘, 마름모가 보녕사다.

✚ 열하의 소포탈라궁 전경

현재 중국인들에게 열하의 상징과도 같은 보타종승지묘는 수미복수지묘보다 10년 전에 지어졌어. 건륭제가 어머니의 여든 번째 생신과 자신의 회갑을 기념해 짓도록 명했던 거야. 중국인들은 이곳을 '소포탈라궁'이라고 부르는데 보타종승지묘가 티베트 라싸의 포탈라궁을 본떠 만들어졌기 때문이지. 이름과는 달리 전체 면적은 열하의 포탈라궁이 라싸의 포탈라궁보다 더 넓어.

잘 아는 것처럼 포탈라궁은 중화인민공화국 티베트 자치구에 위치한 건축물로, 티베트 불교의 제1지도자 달라이라마의 궁궐로 쓰인 곳이야. 현재는 일부만을 박물관으로 사용하고 있다고 해. 기억이 날지 모르겠지만 수미복수지묘는 티베트 불교의 제2지도자 판첸라마의 거처를 본떠 만들었다고 했지. 수천 킬로미터 떨어진 티베트의 대표적인 궁궐과 사원

✚ 티베트 라싸의 포탈라궁

이 이곳 열하에 나란히 서 있는 광경은 기묘한 느낌을 준단다.

보타종승지묘는 피서산장을 둘러싸듯 조성된 여덟 개의 티베트 불교 사원, 외팔묘 중 규모가 가장 커. 언덕을 오르듯 모두 60채의 건축물이 계단식으로 배치돼 있지. 한족의 전통적 건축양식을 기초로 하면서도 티베트 양식을 융합한 것이 특징이야. 티베트와 티베트 불교를 신봉하는 주변 이민족에 대한 청나라의 포용 정책을 건축학적으로 구현한 건물이라고도 할 수 있어.

이곳의 중심 건물은 수미복수지묘와 마찬가지로 정사각형 모양의 거대한 대홍대 안쪽에 자리 잡은 만법귀일전萬法歸一殿이야. 대홍대의 옥상으로 올라 이 건물의 기와를 바라보면 황금빛으로 빛나지. 안내판의 설명에 따르면 이 기와는 수천 킬로그램의 금으로 도금돼 있다고 하는데, 그걸 믿어야 할지 고민이 될 만큼 엄청난 규모지. 연암이 '열하의 황금 지붕'이라고 표현한 것이 아마 만법귀일전의 지붕을 염두에 둔 건 아닐까 싶어.

✚ 보타종승지묘 대홍대

✚ 만법귀일전의 황금 지붕

연암은 구경하지 못했으나 현재 승덕을 찾는 관광객들 누구나 빠짐없이 방문하는 곳 중 하나가 보녕사普寧寺야. 연암이 열하에 오기 25년 전

✚ 티베트 양식의 건축물로 앞에서 보면 6층, 좌우에서 보면 5층, 뒤쪽에서 보면 4층, 안쪽에서 보면 3층 구조로 보인다.

인 1755년에 창건되었으니 연암은 이 사찰에 대해 알고는 있었을 거야. 대불사大佛寺라는 별칭으로도 불리던 이 절에는 거대한 목조 불상이 있기 때문이지. 22m의 불상을 안고 있는 대승지각大乘之閣은 중국에서 세 번째로 높은 목조건물로 그 높이가 39m에 달해.

보녕사 대불은 '천수천안千手千眼' 관음보살이라 불리는데 실제로 눈은 한 쌍이고 두 손은 합장한 모습이야. 등 뒤로 40개의 손이 뻗어 있는 것이 이색적이지. 이 목조 관음상은 한 가지 종류의 나무가 아니라 소나무, 측백나무, 느릅나무, 자작나무, 삼나무 등 5가지 목재를 활용해 만들었다고 해.

연암은 열하에서 못 본 거대 목조불을 북경으로 돌아온 후 구경하게 돼. 바로 옹화궁雍和宮 만복각의 목조 불상이야. 높이 18m, 지하 부분이 8m인 이 불상은 세계에서 가장 큰 목조 불상으로 1990년 기네스북에 올랐어. 보녕사 대불과 달리 옹화궁 대불은 한 그루의 거대한 백단나무로 만들어졌다는 사실도 놀라운데, 불상 제작을 위해 티베트에서 북경까지 목재를 운반하는 데만 3년이 걸렸다는 설명에는 아연실색할 수밖에. 겁을 잔뜩 집어먹으면서도 꼭대기에 올라 이 불상 전체를 본 연암의 집념은 놀라우면서도 우습지.

> 열두 개의 사닥다리를 올라가는 것이 무슨 귀신 동굴로 들어가는 것만 같았다. 사닥다리가 다하면 누각에 오르게 되어 (……) 부처의 아랫도리 절반까지 미치게 된다. 또 여기서부터는 사닥다리를 밟고 올라 캄캄한 속으로 한참 가야만 (……) 금부처의 등 절반이 겨우 보이게 된다. 또다시 어둠 속을 더듬어 캄캄한 데를 올라가노라면 곧장 위층이 나오고 비로소 부처의 정수리와 나란히 서게 된다.
>
> —『황도기략』, 「옹화궁」

✚ 옹화궁 대불을 품고 있는 만복각 전경이다.

참고로 옹화궁은 현재 '궁'이 아니야. 연암의 설명대로 이곳은 '옹정황제의 명복을 비는 법당'이야. 보충 설명이 필요하겠지. 원래 이곳은 강희제가 넷째 아들 윤진胤禛을 위해 지어 준 저택이었는데 그가 황세자로 책봉되자 옹친왕부雍親王府로 격상돼. 강희제가 세상을 떠나고 옹친왕은 제위를 물려받는데 그가 바로 옹정제야. 이때 옹친왕부는 다시 옹화궁으로 높여졌던 거지. 옹정제를 이은 건륭제가 황제에 오르자 그는 아버지의 잠저潛邸이자 자신이 태어나기도 한 이곳을 라마 불교 사원으로 삼았고 지금에 이르러. 그래서 현재 북경 지하철 2호선 옹화궁역의 영어 안내 방송은 'Lama Temple Station'이야.

✚ 아름다운 피서산장 호수구를 지나면 열하 비석이 있는 곳에 닿을 수 있다.

이제 마지막으로 답사할 곳이 하나 남았어. 바로 '열하'야. 「막북행정록서」에 '옹정 황제 때 이곳 열하에 승덕주承德州를 두었고, 지금 건륭 황제 대에 와서 승덕부承德府로 승격시켰다'는 구절이 있는 것으로 보아 연암 또한 당시 열하의 공식 지명이 승덕인 것을 알고 있었던 것 같아. 그런데도 연암은 책 내용과 제목 모두에 열하라는 지명을 썼어. 그럼 이 지명을 확인할 수 있는 곳이 있을까?

'열하熱河'는 글자 그대로 뜨거운 하천, 곧 온천수를 의미하는데, 이 지역에 온천이 많아 그런 지명을 얻었다고 해. 그런데 좁은 의미로는 피서산장 내 호수구 한 쪽에서 용출하는 온천수를 의미하지. 청나라 당시에는 80℃가 넘는 온천수가 나왔다는데, 지금은 온도가 많이 내려갔어. 하지만 한겨울 피서산장 호수 전체가 얼어 사람들이 걸어서 호수를 건널 수 있을 때도 이곳만은 얼지 않아 여전히 이름값을 하는 거지. 바로 그곳에 붉은 글씨로 '열하熱河'라고 새겨진 자연석이 하나 서 있어.

피서산장을 찾는 많은 중국인들도 이곳에서 기념사진을 찍지. 그러나 연암의 후손이자 『열하일기』의 독자인 우리만큼 가슴 벅차진 않을 거야. 연암은 조선 사람 최초로 열하에 온 것에 대단한 자부심을 갖고 감격했어. 열하로 오는 도중 고북구장성 성벽에 날짜와 이름을 남긴 건 그래서일 거야. 이제 우리 또한 연암을 본받아 이곳에 작은 흔적을 남기는 것으로 긴 답사 여행을 마무리하자꾸나.

★ 답사를 위한 마침표 ★

『열하일기』에서 찾기

- 『도강록』, 「7월 8일 갑신」
- 『도강록』, 「요동백탑기」
- 『성경잡지』, 「가을 7월 10일 병술」

답사지 찾기

- 보타종승지묘普陀宗乘之廟 [普陀宗乘之庙, 푸퉈쭝청즈먀오]
  보타종승지묘는 흔히 '소포탈라궁'이라 불리며 연암이 방문했던 찰십륜포 서쪽에 있다.
- 보녕사普寧寺 [普宁寺, 푸닝쓰]
  보녕사는 찰십륜포에서 동쪽으로 1km 남짓 떨어진 곳에 위치한다.
- 열하천熱河泉 [热河泉, 러허취안]
  열하천은 피서산장 호수구의 동북쪽 끄트머리에 위치한다. 이곳에 '열하熱河'라고 쓰인 돌기둥이 서 있다.

답사 포인트

- 보타종승지묘 대홍대에 올라 만법귀일전의 황금 지붕 확인하기!
- 열하 소포탈라궁과 라싸 포탈라궁 비교하기!
- 보녕사 대승지각 안에 있는 천수천안 관음보살 확인하기!
- 보녕사 대불과 옹화궁 대불 비교하기!
- 열하천에 서 있는 '열하熱河' 표지석에서 인증 사진 찍기!

여행을 마치며

현재 우리에게 연암은 개혁의 아이콘이야. 그가 북학파의 정신적, 이론적 지주였고 연행을 통해 청나라의 선진 문물을 직접 경험했으며 이를 조선이 배워야 한다고 주장했기 때문이지. 그러나 이러한 연암의 개혁적 이미지 때문에 우리는 그가 당대의 집권 노론이자 경화세족의 핵심 가문 출신이며, 그가 속한 붕당의 기치는 과거의 명나라를 여전히 존숭하고 현재의 청나라를 배척하는 것이었다는 객관적 사실을 간과하게 돼. 그래서 『열하일기』에 종종 등장하는 연암의 모순적 태도, 즉 청나라 문물은 높이 평가하면서도 만주족은 경멸한다든지, 청나라의 강대함에 경탄하면서 명나라의 멸망을 안타까워하는 모습에 어리둥절하게 돼.

물론 연암이 당시의 교조적 사대부들처럼 청나라를 오랑캐로 못 박고 허울뿐인 북벌을 외쳤다는 이야기는 아니야. 『열하일기』의 첫날 기록에 보이는 것처럼 연암은 넓은 세상을 두루 여행하겠다는 큰 뜻을 품고 '반드시 한 번은 구경을 해야지' 하는 말을 입버릇처럼 되뇌며 연행 준비를 했어. 이는 청나라에 대한 주변 사대부들의 명분론적 비방과는 분명 다른 태도야. 그러나 연암 또한 '위대한 명나라야말로 진정한 중국의 주인'이라고 믿었던 조선 사대부의 일원인 것은 분명해.

그래서 연암은 청나라를 무조건 추종하는 무리들과도 거리를 두었어. 그들은 다름 아닌 연암의 제자들이었고 초정 박제가가 대표적인 인물이지. 박제가는 『북학의』를 통해 거의 강박적으로 청나라를 배워야 한다고 주장했어. 그에게 당대 조선은 병들지 않은 곳이 없는 중환자였던 거지. 박제가의 다소 거칠고 급한 조선 개혁론

✚ 청나라 화가 나빙이 그린 초정 박제가 초상이다.

에는 서얼이라는 그의 신분적 한계에 대한 통분과 개혁 군주인 정조 대가 아니면 다시 기회를 얻을 수 없다는 절박함이 깃들어 있어. 하지만 조선을 온전히 부정하는 박제가의 조급한 개혁론에는 '조선적 주체성'이 설 자리가 없어.

조선의 개혁을 위해 북학을 강력하게 주도한 박제가의 공은 인정할 수 있지만 그 과정에서 개혁의 목적 자체가 부정당하는 모순은 간과할 수 없겠지. 연암은 이 점을 명확히 해. 연암에게 청나라의 선진 문명은 그 자체가 목적일 수 없어. 그건 조선을 개혁하기 위한 수단 그 이상도 이하도 아니었지. 명분에만 함몰되지 않고 실리를 추구해 백성의 삶을 풍요롭게 한 당대 청나라의 정치 현실은 자신이 속한 붕당의 기득권을 잃지 않기 위해 명분만을 앞세우고 백성의 삶은 전연 돌보지 않는 조선의 실상을 비추는 거울일 뿐이었어.

우리가 지금 다시 연암과 『열하일기』를 호출하는 이유가 여기에 있단다. '슈퍼 차이나' 운운하며 패권국가로 발돋움하고 있는 중국을 우리는 여전히 조선시대의 보수적 사대부처럼 무시하거나 일부 북학파 학자들처럼 맹신해. 자기중심과 주체성을 지키면서도 끊임없는 호기심과 개방성으로 당대 청나라를 보고 듣고 배웠던 연암은, 중국과의 지혜로운 '동행'이 거의 유일한 선택지인 현재의 우리에게 그 자체로 훌륭한 모델이야.

연암에게도 당대 조선은 비판과 극복의 대상이었어. 그러나 그

건 쉽게 부정하고 버려도 상관 없는 것이 아니었지. 그는 조선을, 조선의 백성을 참으로 사랑했어. 『열하일기』에 포함된 「호질」이나 「허생전」, 『연암집』에 실린 「양반전」이나 「예덕선생전」과 같이 당대 조선의 실상을 풍자하는 글이 넘쳐나는 것도 그가 조선을 사랑하는 반증이야. 풍자는 대상의 개선을 염두에 둔, 관심과 애정이 없이는 불가능한 일이기 때문이지.

© 규장각한국학연구원

✚ 유언호 초상

연암은 쉰의 나이에 친구 유언호의 천거로 관직에 나갔어. 과거 합격이 어렵지 않을 때는 빈 답안지를 냈던 그가 아닌가? 그의 때늦은 출사出仕는 아마도 생계형이었을 가능성이 높아. 그만큼 연암은 가난했어. '내 비록 너희들이 따뜻한 옷을 입고 배부르기를 바라지만 부귀와 안일을 추구해서는 안 된다'라고 자식들을 가르쳤던 연암이야. 그러나 이는 연암이 아버지로부터 누누이 들어왔던 말씀이었어.

"너희들이 장차 벼슬하여 녹봉을 받는다 할지라도 넉넉하게 살 생각은 하지 마라. 우리 집안은 대대로 청빈하였으니, 청빈이 곧 본

분이니라."

연암이 경상도 안의현감으로 있을 때 이야기야. 현감으로 부임한 지 일 년 남짓 되었을 때 안의현을 포함한 경상도 전역에 극심한 흉년이 들어. 조선시대에는 흉년으로 구휼을 해야 할 때면 먼저 각 고을의 피해 정도를 살펴 공진公賑, 즉 공식적으로 관아에서 백성을 구휼해야 할지 여부를 결정했어. 당시 상황으로는 당연히 공진을 시행해야 했지만 연암은 자신의 사재를 털어 사진私賑을 시행해. 연암은 구휼에 보태라고 감사가 보낸 고가의 물품을 받지 않았을 뿐만 아니라 나중에 구휼의 공을 인정받아 나라에서 내려보낸 백지임명장, 공명첩空名帖도 돌려보내.

구휼을 하는 데도 연암은 남달랐어. 우선 자신이 동헌에 나와 백성들에게 나누어주는 것과 똑같은 죽 한 그릇 받아 달게 먹어. 그리고 이렇게 말했다고 해.

"이것이 주인의 예다."

아무리 구휼이 나라에서 행하는 일이라도 얻어먹는 백성들 입장에선 부끄러운 마음이 없지 않았을 텐데 연암은 이러한 마음까지 살폈던 거야. 그리고 구휼이 너무 힘들다고 투덜대는 동료에게 편지로 훈계한 다음 구휼의 즐거움을 다음과 같이 감동적으로 서술해.

> 내 신세를 돌이켜 보건대 50년 동안 서우 끼니를 때우고 썰독도 자주 비어 내 몸도 주체하지 못하던 주제에, 임금의 은혜를 두터이 입

어 갑자기 부자 영감이 되어, 뜰에는 수십 개의 가마솥을 벌여 놓고 1,400여 명의 못 먹어 부황 들어 쓰러져 가는 동포들을 불러다가 한 달에 세 번씩 먹이는 즐거움을 실컷 누리니 즐거움치고 이보다 더한 즐거움이 또 어디 있겠소?

연암의 백성 사랑이 눈물겹지.

우리가 연암을 읽는 또 하나의 기꺼운 이유가 있어. 백성 사랑의 밑바탕이 되었을 가족 사랑이야. 연암은 자식들에게 과거 공부를 강권하지 않았어. 조선시대 선비에게 과거는 하면 좋고 안 해도 그만인 것이 아니었음에도 말이야. 연암은 다른 선비들이 한다고 해서 자신도 덩달아 과거 준비하는 '쩨쩨한 선비'는 되지 말라고 가르쳤지. 심지어 자식의 과거 응시를 '방해'하기까지 했어. 연암이 안의현감으로 있을 때 큰아들 종의가 과거를 보려고 해. 그런데 연암은 아들의 과거를 만류하는 편지를 보내. 당시 자신의 제자 이서구가 성균관 대사성 자리에 있었기 때문이야.

내가 성균관장과 친밀한 사이임은 세상이 다 아는 바다. 친밀한 사람이 주관하는 시험에 합격하는 것은 영광스러운 일이 못 될뿐더러 시험을 주관하는 사람에게도 누를 끼치는 일이다. 그러니 응시하지 않는 게 좋겠다.

과거 급제하지 못해 관직에 진출하지 못하는 조선 사대부는 '무직자'와 다름없어. 생계는 어떻게 꾸렸을까. 선공감감역이라는 종9품의 말단 벼슬에 나선 지 1년 후 아내가 세상을 떠나자 두 아들의 생계는 고스란히 연암 몫이 되었어. 한양에서 멀리 떨어진 경상도 안의현감으로 부임한 연암은 그래서 자식들에게 생활비를 부칠 수밖에 없었지.

'11일에 돈 보냈다.' 큰아들 종의에게 보낸 편지의 한 구절이야. 이 한 문장이 눈물겨워. 생계형 관직에 나선 노년의 아버지가 '백수'로 삶을 견디는 아들에게 보내는 끼니야. 그러나 이 편지에는 결코 삶의 비루함과 참혹함은 보이지 않아. 연암은 자식들에게 세상의 부귀와 공명보다는 글 읽는 선비가 되기를 바랐어. '글을 읽는다' 함은 적어도 연암에게는 어떤 편견도 없이 모든 인간의 가치를 긍정하는 사람이 되는 것이었어. 그건 당대에만 반짝하는 것이 아니라 영원히 기억되는 삶이기 때문이야. 불후不朽를 기대했던 동생 테오 반 고흐가

✚ '척재 초상화'로 알려진 이서구 초상으로, 척재惕齋는 이서구의 호다.

© 국립중앙박물관

형 빈센트 반 고흐에게 돈을 보냈을 때의 마음이 이랬을까.

연암은 9년 전에 어머니를 잃은 자식들이, 지금은 아버지와도 떨어져 살아가는 자식들이, 아무런 생계 대책도 없던 그 자식들이 안쓰러웠을 거야. 그래서 애틋한 부정父情을 전하기도 해. 공무로 바쁜 아비는 틈을 내 책을 읽는데 너희들은 '하는 일 없이 날을 보내고 어영부영 해를 보낸다'고 따끔하게 훈계한 후에 이렇게 적어.

'고추장 작은 단지 하나를 보내니 사랑방에 두고 밥 먹을 때마다 먹으면 좋을 게다. 내가 손수 담근 건데 아직 푹 익지는 않았다.'

이 편지를 썼을 때 연암의 나이 예순이야. 그리고 작지만 한 고을의 수령이었어. 그런 연암이 아랫사람들을 시키지 않고 손수 고추장을 담가 멀리 떨어져 사는 아들에게 보내. 십여 년 전 부인과 사별한 후 주위의 권고에도 한사코 둘째 부인을 맞거나 첩을 들이지 않았던 연암이야. '과부는 은이 서 말이고 홀아비는 이가 서 말'이라고 했는데, 홀아비 연암은 끼끗이 닦아 반질반질한 사랑 한 단지를 자식에게 보내고 있어. 자식에 대한 아버지 연암의 차분하고 애틋함은 그러나 손자 사랑에는 거리낄 게 없어 난만해.

초사흗날 관아의 하인이 돌아올 때 기쁜 소식을 갖고 왔더구나. "응애응애" 우는 소리가 편지 종이에 가득한 듯하거늘 이 세상 즐거운 일이 이보다 더한 게 어디 있겠느냐? 육순 노인이 이제부터 손자를 데리고 놀 뿐 달리 무엇을 구하겠느냐?

큰아들 종의의 아들 효수가 태어난 걸 기뻐하는 편지야. 이 편지 끝에는 손자가 태어난 지 삼칠일이 되는 날이라 관속들이 음식을 보내어 이를 축하해 주었다는 내용이 나와. 할아버지 연암의 애정 어린 궁금증은 끝이 없어. 큰아들과 둘째 아들이 손자의 용모에 대해 간략하게 적어 보내자 연암은 불만이야. '대저 이마가 넓다든지, 툭 튀어나왔다든지, 모가 졌다든지, 정수리가 평평하다든지, 둥글다든지 하는 식으로 왜 일일이 적어 보내지 않는 거냐? 궁금하다.' 할아버지의 손자 사랑이 정겹지.

연암은 손자를 생각하며 어쩌면 자신의 자식들을 손자로 귀히 여겼던 부모님을 떠올렸을 거야. 이제 막 말을 배운 연암의 아들이 이렇게 물은 적이 있었어.

"나는 아버지가 계신데 아버지는 왜 유독 아버지가 없나요? 우리 아버지의 어머니는 어디 계시나요? 아버지도 일찍이 젖을 먹고 크셨나요?"

연암은 자신도 모르게 아이를 무릎에서 밀쳐 버리고 엉겁결에 목 놓아 한참 울었다고 해. 연암 또한 부모이기 전에 자식이었지.

> 새아기가 보낸 도포와 버선은 즉시 광풍루光風樓에서 몸에 걸쳐 여러 사람에게 자랑해 보였다. 몹시 아껴 가까이 두고 있다.

연암이 안의현감으로 있을 때 둘째아들 종채가 장가들어 전주

유씨를 부인으로 맞아. 며느리는 홀아비 신세인 시아버지를 위해 도포와 버선을 지어 보냈나 봐. 연암은 그것을 입고 여러 사람 앞에서 자랑을 해. 환갑을 맞은 조선 사대부 연암은 고양이(耄, 칠십 노인)보다 따스하고 나비(耋, 팔십 노인)보다 가뿐해, 가족에게!

✚ 단원 김홍도의 <황묘농접도>로 나비와 고양이는 모두 나이든 노인을 상징한다.

참고문헌

#

박지원 저, 고미숙 외 역, 『세계 최고의 여행기 열하일기』(전2권), 북드라망

박지원 저, 김혈조 역, 『열하일기』(전3권), 돌베개

박지원 저, 리상호 역, 『열하일기』(전3권), 보리

*〈한국고전종합DB〉, 『열하일기熱河日記』

(http://db.itkc.or.kr/index.jsp?bizName=MK)

#

박종채 저, 『나의 아버지 박지원』, 돌베개

박지원 저, 김명호 편역, 『지금 조선의 시를 쓰라』, 돌베개

박지원 저, 박희병 역, 『고추장 작은 단지를 보내니』, 돌베개

박지원 저, 박희병 편역, 『연암을 읽는다』, 돌베개

박지원 저, 신호열, 김명호 역, 『연암집』(전3권), 돌베개

#

유득공 저, 실시학사 고전문학연구회 편역, 『열하를 여행하며 시를 짓다』, 휴머니스트

최부 저, 김찬순 역, 『표해록, 조선 선비 중국을 표류하다』, 보리

홍대용 저, 김태준 외 역, 『의산문답』, 지만지

홍대용 저, 정훈식 역, 『을병연행록』(전2권), 도서출판 경진

#

간호윤 저, 『당신, 연암』, 푸른역사

고미숙 저, 『두 개의 별 두 개의 지도』, 북드라망

고미숙 저, 『열하일기, 웃음과 역설의 유쾌한 시공간』, 북드라망

김혈조 저, 『그렇다면 도로 눈을 감고 가시오』, 학고재

박수밀 저, 『연암 박지원의 글짓는 법』, 돌베개

안소영 저, 『책만 보는 바보』, 보림

정민 저, 『비슷한 것은 가짜다』, 태학사

표성흠 저, 『뿔뱀』, 천년의시작

#

김재원 저, 『막북에서 다시 쓰는 열하일기』(전2권), 매일경제신문사

설고운 저, 『현장에서 고전을 만나다』, 좋은땅

이보근 저, 『압록강에서 열하까지 연행 노정 답사기』(전2권), 어드북스

최정동 저, 『연암 박지원과 열하를 가다』, 푸른역사

허세욱 저, 『허세욱 교수의 속 열하일기』, 동아일보사

가

나

다

마

바

사

아

자

차

타

파

하

물음표와 느낌표로
떠나는 열하일기

청소년을 위한
연암 답사
프로젝트

초판 1쇄 발행 2016년 9월 15일
3쇄 발행 2019년 2월 15일

지은이 김태빈

발행인 이선애
디자인 디자인 잔
교 정 채규리
발행처 도서출판 레드우드
출판신고 2014년 7월 15일 (제25100-2014-000048호)
주소 서울시 강남구 밤고개로 26길 50 강남한신휴플러스 607동 202호
전화 070-8804-1030 **팩스** 0504-493-4078
이메일 redwoods88@naver.com
블로그 blog.naver.com/redwoods88

값은 뒤표지에 있습니다.
ISBN 979-11-953324-9-6 03910

※ 이 책은 한국출판문화산업진흥원 2016년 우수출판콘텐츠 제작 지원 사업 선정작입니다.